L'EMPIRE GREC

ET

LES BARBARES

PAR

AM. GASQUET

Professeur d'histoire à la Faculté des lettres de Clermont-Ferrand

CLERMONT-FERRAND

TYPOGRAPHIE ET LITHOGRAPHIE G. MONT-LOUIS
Rue Gaultier
1887

L'EMPIRE GREC

ET

LES BARBARES

PAR

Am. GASQUET

Professeur d'histoire à la Faculté des lettres de Clermont-Ferrand

CLERMONT-FERRAND

TYPOGRAPHIE ET LITHOGRAPHIE G. MONT-LOUIS

Rue Barbançou, 2

1887

L'EMPIRE GREC

ET

LES BARBARES [1]

PREMIÈRE PARTIE

—

CHAPITRE Ier

LE TRANSFERT DE L'EMPIRE A BYZANCE

Le transfert de la capitale du monde de Rome à Byzance marque une date critique dans l'histoire de cet empire romain, fondé par Auguste, et qui ne devait succomber sous les coups des musulmans qu'après quatorze siècles d'existence. Cet événement, qui nous semble à distance si décisif, qui nous apparaît comme le signe visible de l'évolution mystérieuse accomplie dans les consciences au IVe siècle et de la rupture avec les traditions du passé, ne s'imposa pas à l'esprit des contemporains avec cette netteté et cette évidence. D'autres empereurs avaient habitué le monde romain avec cette idée, que les destinées de l'empire n'étaient pas attachées au séjour dans la ville de Romulus et d'Auguste. Trèves, Sirmium, Nicomédie, d'autres villes encore avaient abrité la fortune des Césars, successeurs de Dioclétien. Pourquoi n'en serait-il pas de Byzance comme de ces capitales de passage, nées d'un caprice des souverains ou de nécessités stratégiques qui tenaient au péril d'un moment?

Ce qui fit la fortune durable de la capitale de Constantin, ce fut d'abord l'excellence de sa situation, puis la coïncidence de sa fondation avec l'adoption par les Césars de la religion chrétienne.

On a tout dit sur les merveilleux avantages de l'emplacement de Byzance. Encore aujourd'hui, les privilèges exceptionnels de cet emplacement en font le point de mire des visées de la politique européenne, l'objet des convoitises rivales des grandes puissances de l'Occident, comme si l'empire du monde y demeurait encore attaché. Bien avant Constantin, les empereurs avaient recherché une capitale moins excentrique que Rome, plus à portée des extrémités de l'empire, que leur devoir était surtout de défendre. Rome commandait naturellement à l'Italie, aux peuples délimités par le grand amphithéâtre des Alpes, à la

---

[1] Introduction à l'ouvrage qui paraîtra prochainement : *L'Empire grec et la Monarchie franque.*

rigueur à toutes les contrées de l'Occident; elle n'était plus le centre du monde conquis par les aigles romaines; son action ne pouvait se faire sentir qu'affaiblie sur les bords de l'Euphrate ou du Nil, dans les montagnes de l'Ibérie et de l'Arménie. Au iv° siècle, du reste, l'effort de la puissance romaine n'avait plus à se porter de préférence contre les tribus qui s'agitaient de l'autre côté du Rhin et du Danube ; Constantin, qui, de même que son père, Constance, avait vécu la plus grande partie de sa carrière en Gaule, savait à quoi s'en tenir sur les dispositions et les ressources de la Germanie. Il ignorait les orages et les tempêtes qui devaient se déchaîner de ce côté sur l'empire. Il lui semblait qu'un bon lieutenant, assisté de quelques légions, suffirait toujours à tenir en respect les incursions tumultueuses, les cohues indisciplinées, vomies périodiquement par les forêts Hercynienne et Carbonaire. Contre elles le Rhin paraissait une barrière à peu près infranchissable, et derrière le Rhin s'étendait comme base d'opération et de recrutement la Gaule, c'est-à-dire la province la plus profondément romanisée , la plus intimement liée par ses intérêts et sa civilisation à la fortune de Rome, la plus militaire, au témoignage d'Ammien Marcellin, par les instincts belliqueux de son sang et de sa race. La frontière d'Orient était loin d'offrir les mêmes garanties de solidité. De ce côté, la guerre était en permanence, guerre savante et dangereuse, qui dévorait les meilleurs généraux et les meilleures troupes de l'empire, depuis que s'était fondée et organisée la monarchie des Sassanides, portée au plus haut degré de puissance par Sapor II, le contemporain de Constantin et de Julien. Cette monarchie ne succomba que sous les coups d'Héraclius et des Arabes ; mais pendant plusieurs siècles elle tint constamment en échec toutes les forces de l'empire et lui infligea à plusieurs reprises d'humiliantes défaites. Pour se protéger contre de tels ennemis, nulle barrière naturelle, nul fleuve, nulle montagne, comme le Rhin et les Alpes ; et pour organiser la résistance, des populations inconsistantes et mobiles, sans énergie et sans ressort qui acceptèrent tous les maîtres et toutes les servitudes. Il n'échappait pas non plus aux hommes qui dirigeaient la politique romaine, que c'était l'Asie qui recrutait depuis longtemps la barbarie européenne; que les défilés du Caucase et la dépression ouralienne étaient les grands chemins d'invasion des peuples incessamment en marche vers l'Ouest; et que, pour préserver l'Occident, c'était aux rives de l'Euxin et aux bouches du Danube qu'il fallait prévenir et arrêter les populations errantes dans les plaines de la grande Scythie (1).

Byzance répondait parfaitement aux exigences du rôle nouveau qui s'imposait aux Césars et aux nécessités de la défense nationale. Elle était en même temps le centre du monde et une capitale d'avant-garde. Située au point de contact de trois continents, l'Europe, l'Asie et l'Afrique, son port magnifique s'ouvrait aux vaisseaux de l'Orient et de l'Occident, et recevait pour nourrir la multitude de ses habitants les blés d'Alexandrie, de la Sicile et de la Chersonèse taurique ; l'étroitesse des chenaux du Bosphore et des Dardanelles lui permettait au contraire d'en fermer l'accès aux flottes ennemies. Couvert au midi par son fossé maritime, elle l'était au nord par la double ligne de défense

(1) Const. Porphyrogén. *De administ. imperio.* Lib. 1, cap. 1.

des Balkans et du Danube ; par un fleuve, le plus grand de l'Europe, accru
du tribut de toutes ses eaux, hérissé de forteresses bâties par les empereurs ;
par des montagnes aux cols rares et étroits, barrés de murs solides partout
où un homme pouvait pénétrer. S'il arrivait, comme le cas se présenta
plusieurs fois, que, par force ou par ruse, ces passages fussent emportés, il
suffisait d'un revers de fortune pour mettre ces barbares à la merci des Byzantins ; pris entre la montagne, la mer et le fleuve, comme dans un filet sans
issue, ils étaient condamnés à périr jusqu'au dernier ou à se rendre à la discrétion de leurs vainqueurs.

C'est un grand mérite pour un peuple comme pour un empire que de durer.
L'empire romain, transféré à Byzance, alors que beaucoup prédisaient son
agonie prochaine, a prolongé de dix siècles son existence. Il a survécu à la
plupart des royaumes barbares qui s'étaient édifiés sur les ruines de ses provinces ; il a vu s'écrouler les empires de Charlemagne, des Otton, des Barbe-
rousse ; il a pu croire à l'éclipse totale de sa grande ennemie, la papauté, pendant les crises du xe et du xive siècles. Cette vitalité extraordinaire, il faut certes
l'attribuer en grande partie aux avantages de sa position, au choix heureux
du fondateur de Constantinople. Mais c'est là ne rendre qu'une demi-justice
aux Romains du Bas-Empire, tant et si injustement calomniés dans l'histoire.
Si forte que soit une capitale, et celle-là a vu plusieurs fois l'ennemi à ses
portes, sa supériorité stratégique ne suffit pas à expliquer ce miracle de lon-
gévité. D'autres causes, et entre toutes, la vigueur relative de ses institutions
militaires, la souplesse et la merveilleuse activité de sa diplomatie, ont largement contribué à ces résultats.

Constantinople a les titres les plus sérieux à notre respect. Elle a conservé
et sauvegardé le double dépôt des civilisations grecque et latine ; il y faut
joindre la byzantine, fille légitime des deux premières, et qui, bien que fort
inférieure, a pourtant son mérite et sa valeur propre. Elle a eu conscience de
son rôle d'héritière du passé et d'initiatrice de l'avenir. Qui en douterait n'aurait qu'à lire la chronique et les opuscules du sénateur Nicétas, écrits au lendemain du sac de Byzance par les croisés latins. On a singulièrement exagéré,
à notre avis, l'influence, réelle pourtant, des savants byzantins sur la renaissance littéraire et artistique de l'Occident. Comment concilier cette influence
avec le décri habituel que les mêmes auteurs jettent sur la civilisation et sur
l'œuvre politique tout entière de Byzance ? A la vérité, cette œuvre fut considérable. Contre les remparts de Constantinople sont venus pendant des siècles
se heurter et se briser les flots successifs des invasions barbares, qui sans elle
eussent submergé l'Europe. Cette résistance acharnée, qui ne connut que des
trêves rares et courtes, permit aux nations occidentales de s'asseoir, de s'organiser et de discipliner leurs forces, jusqu'au moment où elles furent en état
de relever de sa faction Byzance, exténuée par ce long effort. Elle fit plus que
d'arrêter le torrent des invasions hunniques, gothiques, bulgares, avares, per-
sanes et musulmanes. Elle réussit, grâce à la propagande incessante et à la vertu
civilisatrice de ses institutions politiques et religieuses, à fixer autour d'elle
cette barbarie nomade, à émousser ses instincts de rapine et de destruction,
à se communiquer à elle par ses missionnaires et ses agents de toutes sortes,

à élever enfin ces tribus de Croates, de Serbes, de Bulgares, de Russes à la dignité de nations. La vie des empereurs de Byzance ne fut, à peu d'exceptions près, qu'un long combat et une perpétuelle croisade. Nous avons profité, plus que Byzance elle-même, de la fermeté de cette attitude et de cet héroïsme; il n'est que juste d'en restituer l'honneur à qui de droit.

Il n'est pas douteux que Constantin ait entrevu ces avantages et deviné, du moins en partie, l'avenir réservé à la ville qu'il faisait, par un décret de sa volonté, ville impériale, et à qui il donnait son nom. Ce serait avoir une idée bien légère de sa clairvoyance que de penser qu'il eut les yeux fermés sur des mérites qui frappèrent immédiatement ses contemporains, et que les historiens ont célébré avec tant de complaisance. Toutefois, il est permis de croire que les considérations stratégiques ne furent pas les seules à déterminer les résolutions de l'empereur. Le récit, d'ailleurs très-hostile, du païen Zosime, nous fait pressentir des raisons d'un autre ordre qui, sans être prépondérantes, inclinèrent certainement Constantin à abandonner le séjour de Rome. Il n'aimait pas cette ville et les Romains ne l'aimaient pas. Rome était la ville du passé et des dieux qui avaient présidé à sa grandeur, la citadelle du paganisme. Avec Athènes, l'autre berceau de la civilisation païenne, elle était plus que toute autre ville attachée à ses cultes, à ses sacerdoces. Encore au temps de Théodose, la majorité de son sénat, recruté parmi les vieilles familles patriciennes, protestait contre le nouvel ordre de choses, et ne s'était pas laissée entamer par la propagande officielle du christianisme. Le feu sacré brûlait encore dans le foyer préservé par la piété des Vestales, et la dernière de ces vierges préposées au plus ancien sanctuaire de l'Italie, une vieille femme aux mains tremblantes, appelait gravement les malédictions divines sur la sacrilège Séréna, femme de Stilicon, qui avait osé, pour le mettre à son cou, arracher le collier de perles de la statue de Rhéa. Constantin se sentait un étranger, on le sentait un profane au milieu de cette ferveur sérieuse et attristée. On ne lui pardonnait pas ses plaisanteries déplacées, quand ses soldats, vainqueurs de Maxence, étaient montés, selon la coutume, au Capitole pour remercier Jupiter de leur victoire. Ces dieux, il les avait déjà reniés dans son cœur ; dans la lutte contre les Césars, ses rivaux, il avait placé sa fortune sous la protection du Dieu des chrétiens, et le Dieu nouveau avait servi ses projets. Superstitieux et irrésolu, il avait joué ses croyances sur un coup de dé. Il restait fidèle à la foi du Christ, par qui il avait vaincu. Il méditait déjà certainement la transformation officielle du culte de l'empire. Le spectacle que lui offrit Rome, l'accueil froid et gêné qu'il y reçut, lui démontrèrent la difficulté de son entreprise dans ce milieu hostile. A un empire nouveau il fallait une capitale nouvelle ; à un culte sans passé et en contradiction avec la tradition romaine, il fallait pour théâtre une ville sans passé et sans tradition. Sa clairvoyance fit le reste, il choisit Byzance et en fit la nouvelle Rome.

Il s'attacha, du reste, à ménager habilement les transitions, de manière à ne s'aliéner définitivement les adhérents d'aucune des deux religions rivales. Il se fit assister dans les cérémonies de la fondation de la ville par le néoplatonicien Sopater, dont le syncrétisme philosophique ne pouvait alarmer aucune croyance. Les premiers temples qu'il éleva, le furent à des divinités symboliques, comme la Paix et la Sagesse, qui pouvaient passer pour des abstractions inoffensives et qui devinrent par la suite Sainte-Irénée et Sainte-Sophie. Pour orner les places et les monuments de sa cité d'élection, il dépouilla les temples de l'Asie et de la Grèce des merveilleux chefs-d'œuvre que l'antiquité leur avait légués : l'Apollon Pythien avec le trépied de Delphes, l'Apollon Sminthée, la Vénus de Cnide, la Junon de Samos, la Minerve de Lindos, peut-être le Jupiter d'Olympie. C'étaient là des rapts hardis et téméraires qui pouvaient passer aux yeux des païens dévots pour de réelles profanations. Mais il est permis de n'ajouter qu'une foi restreinte aux explications trop zélées d'Eusèbe, quand il attribue à Constantin la pensée d'avoir ainsi voulu exposer aux risées et aux insultes de la populace les images des démons de la Grèce. Constantin n'était ni un barbare, ni un iconoclaste. A défaut d'un reste d'attachement pour les dieux qu'avaient servis ses ancêtres, du moins conservait-il le goût du beau et le culte de l'art qui avait illustré la Grèce. Du naufrage du paganisme il sauvait à l'admiration des siècles les œuvres immortelles que le paganisme avait inspirées. D'ailleurs, les anathèmes d'Eusèbe ne furent point ratifiés par les Byzantins plus raffinés des âges suivants. Il suffit de lire les regrets pieux et les plaintes touchantes dont les historiens néo-grecs accompagnent le récit, soit des incendies qui sous Zénon détruisirent une partie de ces merveilles, soit des mutilations volontaires dont elles furent les victimes de la part des croisés latins.

Mais la volonté de l'empereur eut beau décréter de toutes pièces la création d'une grande capitale ; il eut beau agrandir l'enceinte de Byzance, l'entourer de murailles, y bâtir le Palais et l'Hippodrome, y transporter avec les services publics quelques-unes des familles patriciennes de Rome, qui furent l'embryon du sénat nouveau, il manqua toujours quelque chose d'essentiel à cette parvenue ; elle garda toujours un caractère artificiel et comme une faiblesse originelle, dont elle se ressentit jusqu'à sa chute. Une capitale, surtout la capitale du monde, ne s'improvise pas. Elle est la résultante d'un milieu, des efforts de toute une race qui a travaillé à sa lente croissance, qui a vécu sa bonne et sa mauvaise fortune, qui a grandi avec elle et s'est couronnée avec elle. A ces conditions seulement elle est une patrie pour ceux qui l'habitent ; elle a une personnalité, faite de celle de tous les citoyens qui l'ont édifiée. Rome plongeait de toutes ses racines dans le monde latin. Elle devait sa sève et sa vigueur à cette population de paysans, dure à la peine, âpre au gain, robuste et saine, pépinière incomparable d'administrateurs et de soldats. Si solide était cette race, que ses traits essentiels ont survécu aux âges et aux innombrables croisements de race ; et non pas seulement les traits, mais encore les saillies du caractère, l'amour de la domination et la science du commandement. La papauté a continué l'empire avec les mêmes ambitions. Rien de pareil n'exista jamais à Constantinople. Du jour de sa naissance, elle ne fut qu'un caravansérail. La lie de tout l'Orient s'y déversa, submergeant le faible noyau de Romains qu'entraîna Constantin dans sa désertion. Juvénal se plaignait déjà que l'Oronte eût envahi le Tibre. Il eût été bien autrement dépaysé dans la nouvelle Rome. Rien ne lui eût rappelé les vieilles mœurs et les rudes Sabins. Les races asiatique et grecque dominaient dans ce mélange exotique. Les juifs y

vinrent en foule, humbles et serviles, mais forts par leur esprit d'association
et de charité, bientôt indispensables. L'Égyptien d'Alexandrie, le Syrien d'Antioche se sentaient chez eux et entendaient partout résonner leur langue. Spé-
culateurs affairés, pédagogues, sophistes, gens de petits métiers, marchands
d'argent et marchands d'esclaves, baladins, mimes, proxénètes, aventuriers
faméliques pressés de faire fortune aux dépens des besoins ou des vices d'autrui, tout ce monde interlope fondit sur Byzance comme sur une proie et s'en
fit une patrie. Rome aussi, dans les derniers siècles de l'empire, avait subi
l'assaut de la corruption orientale. Mais la rudesse native de ses nationaux, la
simplicité grossière et pratique de son fonds latin avait fait dans une certaine
mesure contre-poids. Dans la nouvelle Rome, le contre-poids fut insensible et
ce fut l'élément barbare qui le fournit. Il n'est pas enfin jusqu'au milieu phy-
sique qui n'ait à la longue modifié le fonds primitif et cosmopolite qui forma
le peuple de Byzance. Au climat rudement contrasté du Latium succédèrent
les ciels d'Orient et les tièdes langueurs du Bosphore. Les Turcs eux-mêmes,
une des plus fortes races qui aient vécu, en ont subi les séductions dangereuses
et goûté les charmes énervants.

De cet amalgame, formé du résidu des civilisations orientale et occiden-
tale, sortit un peuple avec des mœurs particulières et originales, frivole, superstitieux et fanatique; séduit par les pompes solennelles du palais, par les
processions, les exhibitions de toutes sortes dont on amusait sa curiosité,
n'ayant rien gardé de la gravité romaine, remuant, bruyant et bavard; tour à
tour aplati devant les manifestations de la force, en adoration devant ses Césars, puis les brisant comme verre dans des accès de furieux délire; insolent
et familier avec les autocrates qu'il invoque et redoute, comme ces dévots de
Sicile qui battent et insultent le saint qui refuse de les exaucer. *Du pain et le
cirque*, tel était, nous dit-on, le cri de la décadence romaine. A Byzance, la
formule est à peine modifiée. Pourtant la populace y est moins cruelle qu'à
Rome; elle ne se plaît point aux jeux féroces qui amusaient même les ma-
trones et les vestales; au sang largement répandu, versé à flots dans les simulacres de combats et les naumachies, aux hideuses scènes d'abattoir de
l'arène. Les Grecs avaient de tout temps répugné à ces boucheries qui ré-
voltaient en eux le sentiment esthétique. Les Byzantins héritèrent de ces répugnances. Ils préféraient dans l'hippodrome les baladins, les obscénités
des mimes et des tableaux vivants, les exhibitions d'animaux rares ou habilement dressés; les défilés de prisonniers barbares, par-dessus tout les
courses de chevaux. Ils avaient emprunté aux Romains non-seulement ce
goût que déjà raillait amèrement Ammien Marcellin (1), mais aussi l'ordre de
ces spectacles et jusqu'au nom et au costume des jockeys; les Venètes et les
Prasiniens, les Bleus et les Verts, qui se disputaient les faveurs de la foule,

(1) *Amm. Marcell., lib. XIV, cap.* 6. Les Venètes avaient adopté la couleur bleue, qui
passait pour symboliser le ciel, le Prasiniens la verte, qui symbolisait la terre. On faisait remon-
ter l'origine de ces jeux et de l'adoption de ces couleurs à Œnomaüs, le fondateur des courses
d'Olympie. Dès le début de l'empire, ces courses avaient été en grande faveur à Rome. Les empereurs eux-mêmes prenaient souvent parti; Vitellius favorisa les bleus, Caligula les verts.
(Dion. I, 59. — Suetone ad Vitellium.)

Les courses avaient fini par devenir une institution publique et nationale, un des rouages du gouvernement. Le peuple, suivant ses préférences, se partageait entre ces deux couleurs et suivait haletant, avec des cris passionnés et frénétiques, les péripéties de la lutte. De là deux factions, ou plutôt deux partis, qui souvent en vinrent aux mains, après la victoire ou la défaite de leurs favoris. La rivalité de cochers célèbres, l'importance des enjeux, l'intérêt même de la lutte engagée, ne suffisent pas à expliquer ces passions. Ces jeux et ces couleurs masquaient d'autres préoccupations, d'autres rivalités. Les contemporains y voyaient le conflit des forces qui se disputaient l'empire. Il suffisait que l'empereur, tenu par sa dignité à l'impartialité, passât pour favoriser une faction, pour que ses ennemis se rejetassent immédiatement dans la faction adverse. C'était là une des formes de l'opposition politique et religieuse. L'orthodoxie changeait de couleur suivant les préférences ou les antipathies du souverain. La faveur déclarée de Justinien pour les Venètes souleva la sédition *Nica*, où il faillit perdre sa couronne. Les libertés publiques n'avaient jamais existé à Byzance ; depuis des siècles les comices étaient fermés ; le peuple n'avait aucune part à la nomination de ses magistrats et de ses maîtres. L'autocrate ne souffrait aucun contrôle à ses actes, aucune limitation à ses volontés. Mais on ne prive jamais impunément un peuple de toute participation à la chose publique, de tout moyen légal de manifester ses besoins, ses faveurs et ses plaintes. Le forum et l'agora supprimés, l'hippodrome devint l'exutoire des passions politiques. Il remplaça les comices par centuries et par tribus. Au cirque, le peuple recouvrait sa liberté et prenait toutes les licences. Il couvrait César de ses anathèmes, lançait l'injure aux magistrats prévaricateurs et concussionnaires, dénonçait violemment les abus, vengeait la foi et l'intégrité du dogme, assaisonnait du langage des ports et des marchés ses récriminations bruyantes. C'est au cirque que le plus souvent les empereurs étaient acclamés ou déposés ; au cirque que les généraux vainqueurs conduisaient leurs triomphes ; au cirque qu'après dix ans d'exil, Justinien Rhinotmète revenait pour fouler publiquement aux pieds « l'aspic et le basilic », c'est-à-dire les deux usurpateurs qui l'avaient détrôné.

Avec l'hippodrome, l'Église était l'autre foyer et le plus ardent de la vie publique. A coup sûr, depuis le petit peuple hébreu, constamment tenu en haleine dans l'attente de sa destinée mystique par le génie inspiré de ses prophètes, aucun peuple ne vécut, plus imprégné de religiosité, dans un commerce plus intime avec les choses divines et surnaturelles. Pour les Byzantins, l'empire était l'empire de Dieu, l'objet de ses prédilections et de son élection. Ils croyaient à son intervention dans toutes leurs affaires ; ils vivaient dans un miracle continu. Aussi superstitieux que les vieux Romains, ils interrogeaient et interprétaient avec une curiosité passionnée, ils notaient avec soin dans leurs chroniques, toutes les dérogations à l'ordre habituel de la nature, le passage des comètes, les éclipses, la tempête et la sécheresse, toutes les monstruosités ; ils voulaient voir dans ces faits des avertissements et des révélations de la volonté divine. Aussi, pour les Byzantins l'orthodoxie était la grande affaire ; le dogme, le champ de bataille où les opinions entraient en conflit ; on s'égorgeait, on faisait des émeutes et des révolutions pour un mot, pour une lettre introduite ou supprimée dans le *Credo*. Et ce n'étaient pas seulement les moines, qui d'ailleurs pullulaient à Byzance, les théologiens de profession qui se passionnaient pour ces querelles, mais les plus humbles et jusqu'aux portefaix des ports et aux marchandes de légumes. On discutait sur la nature du Christ, sur l'unité ou la diversité de volonté des trois personnes de la Trinité, dans les faubourgs populeux comme dans le palais du prince. Les injures étaient des anathèmes; on s'insultait dans le langage des théologiens.

Les exemples de cette passion éristique foisonnent dans l'histoire byzantine. On connaît l'incident demi-burlesque, demi-tragique du *Trisagion*. L'idée vint à l'empereur Anastase de faire ajouter à l'hymne du *Sanctus*, ces paroles : *qui crucifixus est pro nobis*. Le peuple vit dans cette innovation un retour à l'hérésie d'Eutychès, attendu que les trois personnes n'avaient pas souffert sur la croix. Au moment donc où, sur l'ordre de l'empereur, les clercs entonnaient l'hymne amendé, le peuple se mit à vociférer l'hymne orthodoxe. Ce fut à qui des deux factions couvrirait la voix de l'autre. De là un indescriptible tumulte qui finit en émeute. Le vieil empereur, le chef découronné du diadème, dut comparaître à l'hippodrome et faire amende honorable à son peuple. Deux épisodes, empruntés à la vie de Théodose II, marquent bien la mobilité d'impressions de cette populace et les sentiments dominants qui l'agitaient. Pendant les jeux du cirque, une épouvantable tempête se déchaîna sur la ville, glaçant d'effroi les spectateurs. L'empereur se lève : « Cessons les jeux, s'écrie-t-il, et tous, prions le Seigneur de nous préserver de sa colère. » Tous aussitôt se jettent à genoux ; l'empereur commence les versets des psaumes ; la foule l'accompagne, chantant à l'unisson. « La ville, dit le chroniqueur, semblait une grande église (1). » Une autre fois, encore à l'hippodrome, Théodose II apprend la défaite de l'usurpateur Joannès et la victoire des armées impériales. Les jeux s'arrêtent. « Tous plaisirs cessants, dit l'empereur, allons à l'église et remercions Dieu, dont la droite a terrassé le tyran. « La procession s'ordonne dans le cirque même, l'empereur en prend la tête, et tous, chantant les psaumes, se rendent à l'église pour rendre grâce au Très-Haut (2).

On devine quelle influence devait prendre le patriarche dans une société remuée par de telles passions. Cette influence fut souvent prépondérante et menaçante pour l'autorité impériale, surtout dans le premier siècle de l'empire chrétien. La pente était glissante et le patriarche risquait de dégénérer en tribun. Tel fut Jean Chrysostome, le plus éloquent des pasteurs de Byzance. La foule était suspendue à ses lèvres, s'agitant et s'apaisant au gré de sa parole agressive et brûlante. L'empereur et l'impératrice, directement visés par lui dans ses discours, le redoutaient et tentèrent de l'exiler. Le peuple, furieux, alluma un incendie qui faillit anéantir la ville entière. Il fallut rappeler le patriarche. Son retour fut un véritable triomphe, une humiliation profonde pour les princes, qui réussirent plus tard à se venger du prélat. Dès

(1) *Socrate, Hist. Eccl., lib. VII, cap.* 22
(2) *Socrate, id., cap.* 23.

lors, les Césars se tinrent en garde contre une si dangereuse rivalité. Le patriarche eut un maître dans l'empereur, souverain des choses terrestres et divines et qui détourna sur sa personne le prestige de la dignité ecclésiastique. Il fut choisi avec d'infinies précautions, docile et soumis à une autorité
plus haute, qui empruntait directement ses droits de l'investiture céleste. Il
ne fut qu'un subalterne, même dans les choses sacrées, un ministre des affaires religieuses, sans initiative, sous le contrôle de l'empereur; une sorte
de chapelain dépendant et à gages, qu'on brisait à la moindre résistance.
L'empereur ne voulut point de partage de son autorité; il prit le patriarche
pour un collaborateur; il ne souffrit jamais en lui un adversaire.

Cette exclusive préoccupation de l'orthodoxie a marqué d'un sceau tout particulier le génie byzantin. Ailleurs, l'idéal religieux a suscité des œuvres gran-
dioses et d'un charme pénétrant. A Byzance, il semble que la religion soit
toute formelle; elle se dépense en cérémonies multipliées, en pratiques minutieuses d'une observance étroite et littérale. Sa théologie a borné et rétréci
l'horizon de l'esprit humain. L'idée chrétienne, au lieu de féconder le génie
grec combiné au génie latin, semble l'avoir stérilisé. La dialectique si souple
et si subtile des écoles athéniennes appliquée à la théologie, aboutit à des
controverses interminables et fastidieuses, à un bavardage sénile et vain. Il
ne reste de cette littérature pas une page d'où se dégage une pensée personnelle, où palpite un sentiment, où circule un souffle de vie. Si l'on met de
côté l'œuvre de Procope, qui est pourtant de second ordre, l'histoire y dé-
génère en chronique, tantôt sèche, tantôt prolixe, jamais intéressante, sinon
pour l'érudit en quête de documents précis. A ces écrivains, qui pourraient
garder l'anonyme, tant leur personnalité est absente de leur œuvre, il ne faut
pas demander de critique. Le point de vue auquel ils ramènent tout, d'après
lequel ils jugent les hommes et les choses, est le point de vue orthodoxe.
De là des gageures qui déconcertent la morale et le sens commun. Irène a
crevé les yeux à son fils, elle l'a tué pour régner à sa place. Elle n'en passe
pas moins pour sainte et vénérable; car elle a rétabli au second concile de
Nicée le culte des images. On a souvent rapproché des chroniqueurs byzantins nos premiers écrivains nationaux, et en particulier Grégoire de Tours. Le
point de vue est en effet le même. Le pieux évêque a parfois d'étranges complaisances et des trésors d'indulgence pour quelques-uns de ses héros, Clo-
vis, Sigebert et Gontran. Mais l'homme et le chrétien transparaissent toujours
dans ces récits, tout empreints de la mansuétude résignée et de la piété naïve
de l'auteur. L'idéal est peu relevé, ses jugements sur le monde bornés, sa
philosophie pratique accommodante. Ces défauts sont ceux de son temps et
de la barbarie qui a flétri toute culture dans la Gaule romaine. Du moins
l'œuvre est-elle au plus haut point originale, infiniment plus intéressante et
plus vraie que celles qui sortiront des monastères de Byzance, où pourtant la
science était en honneur, où les écoles fleurirent sous la protection des souverains.

L'art subit comme la littérature cette influence déprimante; il en souffrit
comme elle. Architectes, ingénieurs, mathématiciens, les Byzantins ont presque
égalé leurs maîtres de Rome et d'Athènes. Ils avaient la science des lignes et le

sentiment des justes proportions. Ils ont édifié Sainte-Sophie, qui n'est pas seulement une œuvre du calcul, mais aussi une merveille de pierre. Comme ornemanistes, ils valent les Arabes. Ils prodiguent dans leurs décorations l'or, les pierres précieuses, les mosaïques ; mais ils ont dans les yeux la lumière de l'Orient ; ils sont nés coloristes. Au contraire, les arts plastiques, la peinture et la sculpture végètent misérablement. Leur dessin n'a que la sécheresse sans la grâce. Ils ont oublié les belles formes, dédaignent le nu, ignorent l'anatomie. On pardonne aux Occidentaux leurs gaucheries et leurs ignorances ; ces barbares sont des enfants mal doués qui s'essaient. Comment excuser les Byzantins, à qui ne manquaient certes ni l'habileté de main, ni la connaissance des procédés techniques ; et qui de plus marchaient et vivaient au milieu des chefs-d'œuvre d'un Olympe païen palpitant dans le marbre et le bronze ! On ne renonça jamais à Byzance, sauf à l'époque de la persécution iconoclaste, à manier le pinceau et à tailler le marbre. Des légions de moines s'étudiaient dans les couvents à enluminer les images. Mais l'idéal avait changé. L'art qui vit de liberté, suspect aux premiers chrétiens comme entaché de paganisme, s'était fait le serviteur de l'orthodoxie. Il s'était figé dans des types hiératiques immuables, où l'on recherchait moins la justesse des contours et l'harmonie des formes, que l'exactitude des attributs. On eut des recettes, que la tradition consacra pour représenter Dieu le Père, le Christ, la Vierge et les saints. Il fut permis d'être peintre et statuaire sans être artiste. On visa, non à la beauté qui, au point de vue du salut, est chose accessoire, dangereuse et périssable, mais à l'édification des fidèles. Des formes parfaites eussent distrait l'attention des dévots de la pensée de Dieu, et les eussent entraînés dans le péché d'idolatrie. Ainsi s'éteignit l'art antique dans la platitude et le ridicule. Et Byzance était un musée de merveilles, et il y avait encore des artistes et des hommes de goût pour les admirer et s'en faire gloire.

Les Byzantins furent avant tout des érudits. Ils appréciaient les richesses dont leur ville était pleine, et ils surent les conserver. Dépourvus du génie créateur, ils dressèrent l'inventaire et le répertoire des œuvres originales que l'antiquité leur avait léguées, sans y ajouter que fort peu de leur propre fonds. Le type de ces savants du Bas-Empire est Photius, un encyclopédiste qui, dans le domaine de la religion, se montra un audacieux novateur, et qui, dans le domaine de l'esprit, ne sut que compiler. Sa bibliothèque, qui est pour nous du plus grand prix, contient l'analyse et le résumé des lectures qu'il a faites. La théologie, comme il convient, y tient la place d'honneur ; mais on voit qu'il n'est étranger à aucune des sciences de son temps. Lui-même, du reste, les fit revivre à Byzance, après la défaveur dont elles avaient été l'objet sous les empereurs iconoclastes. La fin du neuvième siècle et le dixième, marqués d'une si lamentable décadence dans les pays de l'Occident, virent poindre une Renaissance en Orient. C'est par ces travaux de second ordre, œuvres patientes de commentateurs et de compilateurs que la culture littéraire et scientifique se soutint à Constantinople. C'est là proprement son originalité, s'il est permis d'appliquer ce terme à une civilisation qui précisément manque d'œuvres originales.

Le transfert de l'empire de Rome à Byzance eut dans l'ordre politique des conséquences bien autrement profondes et lointaines.

Et d'abord l'éloignement de la capitale impériale, l'orientation de la politique byzantine, tournée presque exclusivement du côté de l'Asie, permit aux royaumes barbares de l'Occident de s'organiser conformément à leur génie propre. Sans doute un lien moral continua pendant plusieurs siècles encore à rattacher ces royaumes à l'empire ; mais ce lien alla toujours se relâchant et s'affaiblissant. A la fin de la période mérovingienne, il n'était plus qu'un souvenir. Au lieu de retenir ces provinces dans son obédience directe, de les gouverner par ses préfets, de contenir par ses légions les invasions franques et germaines qui se superposèrent au fond gallo-romain, les empereurs n'entretinrent plus avec ces membres lointains de la république que des rapports diplomatiques. Tout le cours de la civilisation se trouva changé par cette désertion. Il est à coup sûr oiseux de se demander quel eût été le développement intellectuel et moral de la Gaule, de l'Espagne et de la Germanie, si l'empire eût persisté à résider à Rome. On peut du moins constater que l'affaissement fut subit et profond. L'Occident entra brusquement dans les ténèbres. Plongé dans un chaos d'institutions et de mœurs disparates et souvent contradictoires, il ne put compter pour en sortir que sur ses seules ressources et dut tirer tout de son propre fonds. Ce fut une genèse laborieuse et pénible. La société évolua lentement vers la forme féodale, qui atteignit vers le treizième siècle son point de perfection, perfection très-relative, du reste ; car cette demi-civilisation, héroïque et barbare, a peu servi en somme la cause du progrès humain. Pour faire lever cette lourde pâte, il fallut demander son ferment généreux à l'antiquité, c'est-à-dire à Byzance, qui en avait gardé pieusement le dépôt dans ses bibliothèques et ses conservatoires.

Quant à Rome, elle dut une seconde vie au départ de ses empereurs. Découronnée de son privilège de capitale du monde, ses temples fermés, ravagée par les Goths et les Vandales, envahie par les inondations et les pestes, réduite parfois à vingt mille habitants à peine, elle semblait irrévocablement vouée à la ruine et à la mort. L'empire, en la quittant, semblait lui avoir enlevé toute vie. Ainsi pensèrent les derniers Césars qui préférèrent à cette nécropole Ravenne et Milan. Elle avait voulu rester fidèle à ses dieux, et le paganisme expirant semblait l'entraîner avec lui dans sa tombé. Les poètes qui faisaient l'ornement de la cour d'Orient célébraient sa rivale comme une jeune fille rayonnante de beauté et parée des plus brillants atours ; ils ne la traitaient que de vieille décrépite, couverte de rides. On ne lui gardait un reste de respect officiel qu'en considération de son glorieux passé, et parce qu'elle était la mère du nouvel empire. Personne n'entrevoyait le prestigieux avenir auquel elle était promise.

Sous ces ruines, en effet, couvait un germe de vie que le temps allait féconder ; de ces décombres allait sortir un arbre aux racines obscures, plongeant jusque dans la profondeur des Catacombes, et dont les rameaux couvriraient tout l'Occident de leur ombre. L'empire éclipsé, le champ restait libre pour la papauté qui naissait. Si l'empire eût duré au lieu de son berceau, l'arbre serait mort étouffé dans son germe. L'évêque de Rome n'eût été qu'un patriarche, en tout semblable à son collègue de Byzance, dépendant, subalterne, écrasé par le voisinage de l'empereur. Constantin servit donc doublement la cause de l'Eglise, en adoptant le christianisme comme religion officielle, en laissant Rome à son évêque. Le divorce qui est à la racine des institutions chrétiennes, la séparation entre le spirituel et le temporel, entre Dieu et l'Etat, se manifesta par l'évidence des faits; Rome à Dieu et à son vicaire, successeur de Pierre et des apôtres; Constantinople à César. Vainement celui-ci réclama pour la majesté impériale la direction spirituelle et morale de la chrétienté. Rome resta pour les catholiques le siège de la tradition et les papes s'en constituèrent les gardiens. L'intégrité du dogme y demeura plus sûrement à l'abri des tentatives des hérésiarques et des fantaisies du pouvoir. Pendant les persécutions, elle fut un asile, le refuge inviolable de l'orthodoxie menacée. Ni Alexandrie, ni Antioche, bientôt la proie des musulmans, ni Constantinople, pleine de l'omnipotence de ses autocrates, ne purent prétendre à cette indépendance et à cette action. C'est en Orient que naissent les hérésies; c'est en Orient que s'assemblent les conciles; c'est Rome qui prépare les solutions et qui les impose.

D'ailleurs Constantin n'avait pas emporté avec lui tout l'héritage impérial. Il restait à Rome le souvenir d'elle-même, à tout l'Occident le souvenir de son passé. Ce passé couvrait le présent de son ombre et enveloppait l'évêque de Rome de tout le prestige de la grandeur impériale. Les peuples avaient pris une telle habitude d'obéir aux ordres partis des bords du Tibre, que lorsque cette parole retentit du Latran, elle fut écoutée avec le même respect que lorsqu'elle venait du Palatin. Tout n'était pas fiction dans la pièce apocryphe connue sous le nom de Testament de Constantin. En réalité, c'était bien en faveur du pape, que l'empereur, fuyant Rome, avait abdiqué sa suprématie sur l'Occident; pour lui, bien plus que pour ses faibles successeurs qui reparaîtront en Italie, qu'il avait dépouillé les insignes de la majesté impériale, afin d'en revêtir l'héritier de saint Pierre; et la dalmatique, et la tiare, et le sceptre, et le globe surmonté de la croix. La renonciation ne fut point authentique; aucun notaire impérial ne l'a rédigée, aucun César ne l'a souscrite. Elle n'en est pas moins l'expression d'une vérité historique profonde, le symbole d'une situation réelle. Le vide laissé en Occident par le départ de l'empire fut rempli par la papauté.

CHAPITRE II.

L'EMPEREUR GREC.

Le successeur des Césars de Rome, le souverain qui gouverne l'empire installé sur les rives du Bosphore, se proclame l'héritier de la République et d'Auguste. La forme extérieure de son pouvoir n'a pas changé, les institutions mêmes qui régissent la société n'ont subi aucune modification radicale, mais seulement ces changements insensibles, ces transformations lentes que le temps introduit dans les choses humaines, et que les circonstances déterminent. Les services administratifs continuent à fonctionner d'après les mêmes principes. Du palais part le mouvement qui se communique à tous les degrés de la hiérarchie des fonctionnaires. Le Sénat joue le même rôle effacé que lui a imposé depuis trois siècles la constitution impériale. Et cependant l'évolution qui s'est opérée au sein de la société byzantine, dans les mœurs et les croyances et qui n'est sensible qu'à distance, a eu son contre-coup dans la personne du prince. Le César byzantin diffère du César romain dont il porte les titres, revendique l'héritage et qu'il prétend continuer. Il a dans l'histoire sa physionomie propre, très-personnelle et très-distincte. Ce sont ces caractères nouveaux que nous voulons essayer de dégager et de mettre en lumière.

Tout d'abord il n'est pas inutile de faire justice d'un de ces lieux communs que l'ignorance propage et que l'histoire superficielle enregistre sans contrôle. Les empereurs de Byzance n'ont pas été mieux traités par elle que le peuple qu'ils ont gouverné. En réalité, ils ne furent ni meilleurs ni pires que les empereurs de Rome ; ils nous apparaissent seulement plus médiocres. Si nous ne trouvons parmi eux, ni un Antonin, ni un Marc-Aurèle, en revanche Néron, Caligula, Domitien, Héliogabale n'ont dans le catalogue byzantin aucun personnage qui leur fasse pendant. Ces monstres de débauche et de lubricité, ces cerveaux déséquilibrés chez qui l'énormité du pouvoir fait monter la folie, ne se revoient plus ailleurs que dans la galerie de Suétone et de l'Histoire auguste. Byzance n'a certes pas manqué de mauvais princes, mais ils furent mauvais autrement. Beaucoup que les historiens orthodoxes et les écrivains de la Curie romaine ont singulièrement maltraités, Léon l'Isaurien, Léon l'Arménien, furent d'excellents administrateurs et de vigoureux soldats. Les pires furent des fanatiques, d'esprit étroit et persécuteur. Ils font couler le sang pour une formule religieuse, pour un dogme et non pour le plaisir de le répandre. Ils ont des âmes d'inquisiteurs ; ils rappellent par bien des analogies les souverains espagnols, successeurs de Charles-Quint. Le *Credo* est pour eux la raison d'État et se confond avec elle. Ils sont les exécuteurs chargés de la vengeance de Dieu, du Jéhovah hébreu, qui se plaît à l'extermination de ses ennemis. Les plus tristes de ces souverains sont des soudards bornés comme Phocas, le bourreau de la famille de Maurice, et Nicéphore, le vainqueur d'Irène. Encore se battent-ils bravement et savent-ils mourir sur les champs de bataille. Michel, dit l'Ivrogne, n'est qu'un enfant mal élevé, une sorte de roi fainéant, qui laisse la direction de l'empire à son oncle Bardas et ne s'occupe que de ses plaisirs. Il a des goûts de palefrenier, ne se plaît qu'aux chevaux et en la compagnie des cochers du cirque. Ce qui est plus grave aux yeux des contemporains, il parodie les mystères de la foi, s'amuse dans ses appartements à dire la messe, avec ses compagnons de débauche pour acolytes. Il se moque du patriarche dont il emprunte les ornements pontificaux. Par là même il présente les caractères spéciaux de la folie byzantine. Mais les affaires de l'empire n'en souffrent pas ; il laisse ces soins à d'autres qui valent mieux que lui et finiront par le supplanter. Mais à côté de ces princes, combien d'autres qui honorèrent le pouvoir et rappellent les meilleurs temps du premier empire. Les Porphyrogénètes valent presque les Antonins. Des souverains comme Anastase, Maurice, Héraclius, Basile le Macédonien, par la vigueur de leurs armes et l'éclat de leurs succès, relevèrent très-haut la fortune compromise de l'empire; ils entretinrent chez leurs contemporains l'illusion de son éternité. Du reste, le métier d'empereur ne fut jamais à Byzance une sinécure; rarement le pouvoir exigea tant de ceux qui l'exercèrent. Leur vie est une guerre perpétuelle contre les barbares, contre les Perses, contre les dynasties arabes, heureux quand ils n'ont pas à se débattre par surcroît contre les factions de la capitale. Aussi la plupart sont des soldats. Ils conduisent en personne les armées. Justinien, qui commande aux troupes du fond de son palais et fait la guerre par ses lieutenants, est une exception assez rare parmi les Césars byzantins.

Ils ont hérité de Rome la science et le goût du droit. Il est superflu de rappeler ici ce que la jurisprudence doit aux successeurs de Constantin. Ils apportèrent à ces études l'esprit de méthode et de patiente investigation qui les distingue. Ils débrouillèrent le chaos des lois, des constitutions impériales, des réponses des prudents; les classèrent par titres et par articles, les rendirent accessibles à toutes les intelligences et élevèrent ces monuments, les deux Codes et le Digeste. Par là ils exercèrent une influence décisive sur les institutions de l'Occident et déterminèrent dans une mesure très-appréciable les conditions de leur développement. Le Code théodosien pénétra les Codes barbares du vi^e siècle, et quant au Code de Justinien, connu de l'Occident dès l'époque de Charlemagne, son action, déjà sensible dans la législation des Capitulaires, devient prépondérante sous les rois Capétiens et les princes de la maison de Souabe. La conception même de la monarchie, telle qu'elle a réussi dans notre pays à s'établir et à triompher avant la révolution de 1789, remonte incontestablement par ses origines à Byzance. Ce n'est pas seulement l'idée fondamentale de son Histoire universelle que Bossuet a empruntée à Eusèbe; il doit au panégyriste de Constantin la doctrine essentielle de sa Politique tirée de l'Écriture sainte.

Les souverains de Constantinople ont beaucoup ajouté par eux-mêmes au legs qu'ils tenaient de Rome. Je ne parle pas seulement des Novelles de Justinien. Mais avant et après lui, et jusqu'aux Comnènes, il est peu d'empereurs qui n'aient laissé des documents importants de législation civile et canonique. On connaît le recueil dit des Basiliques, qui parut sous le règne de Léon-le-Philosophe, peu de temps après que le patriarche Photius publiait son Nomo-Canon (1). Non-seulement ils légifèrent, mais ils aiment à rendre en personne la justice, à redresser les abus, à confondre publiquement les magistrats prévaricateurs (2). La fonction de justicier leur paraît une des prérogatives les plus élevées de la souveraineté.

Par tous ces points ils se rattachent à la tradition romaine impériale; ils en diffèrent sensiblement par d'autres.

Et d'abord la monarchie s'environne extérieurement de faste et de pompes inusités. Auguste avait affecté la simplicité dans son palais et en avait imposé les dehors à ceux qui l'entouraient. Il croyait ainsi plaire au peuple et ra-

---

(1) Voir le recueil d'Heimbach (Leipzig), 5 vol.
(2) V. plusieurs exemples, Cédrenus, Hist. Comp. § 860.

mener les mœurs publiques à la modestie antique. Les empereurs de Byzance
usèrent d'une politique tout opposée. Ils visèrent à rehausser le prestige de la
souveraineté par l'ostentation d'une splendeur qui éblouit les regards et frap-
pât les imaginations. Le luxe ne fut pas comme auparavant la fantaisie particulière d'un César dilettante ou magnifique ; il devint une affaire d'Etat et
un moyen de gouvernement. La monarchie byzantine s'organisa sur le modèle et à l'exemple des monarchies asiatiques. Déjà Dioclétien était entré dans
cette voie. Constantin et surtout Théodose-le-Grand, s'il faut en croire le témoignage de Zosime (1), fondèrent sur ce point la tradition, qui dura autant
que l'empire. Cet empereur, nous dit l'historien, doubla le nombre des dignitaires et des officiers du palais. Pour suffire à l'ordonnance et aux services
des festins de gala dont il établit l'habitude, il enrégimenta en cohortes des
nuées de cuisiniers, d'échansons et de serviteurs de tous genres. Enfin il
remplaça dans la domesticité intime les esclaves par des eunuques. On sait
quelles répugnances soulevèrent dans Rome les premiers qui parurent à la
suite d'Héliogabale et des princes syriens. L'aversion est aussi violente chez les
derniers Romains qui écrivent l'histoire du bas-empire, Ammien Marcellin et
Zosime. Plus encore que les affranchis des premiers Césars, ils accusent ces
êtres avilis de s'emparer de l'esprit des souverains en le dépravant par de hon-
teuses complaisances, de s'enrichir par de coupables trafics et de peser sur la
direction des affaires publiques par la familiarité que leur service comporte.
Presque seuls, en effet, ils approchent désormais du prince, alors que par système il commence à s'éloigner davantage du reste des sujets. A Byzance, sa
personne recule dans un lointain d'apothéose. Bientôt, dans la rigidité de ses
costumes d'apparat, tissus d'or et de soie, étoilés de pierreries, il apparaîtra
comme une idole. On ne peut l'aborder qu'avec des génuflexions et des adorations et en frappant plusieurs fois, et à des intervalles marqués, du front la
terre. Une étiquette rigoureuse, un cérémonial minutieux et compliqué l'isole
et le défend des empressements des courtisans et de la foule. Les usages de la
cour de Versailles et de celle de Madrid paraissent simples auprès de ceux-
là. Tout est réglé par les livres de cérémonies ; les pas, les gestes, les paroles,
les costumes dont l'empereur change, comme dans la liturgie le prêtre pendant la messe, suivant les jours (2), suivant les heures, suivant le milieu où il se
produit ; et non-seulement tout ce qui regarde la personne impériale est ainsi
méticuleusement ordonné, mais tout ce qui concerne les hôtes du palais et
jusqu'aux mouvements et aux acclamations du Sénat, des soldats et du
peuple, dans les rues, dans l'église et à l'hippodrome. Le palais lui-même
est une ville dans la cité, avec ses salles immenses de réception où circule
tout un monde, les appartements particuliers du prince, ceux de sa famille,
ceux des femmes, sa chapelle. Il s'ouvre d'un côté sur l'Augustéon, la grande

(1) Zosime. Lib. IV.

(2) Ces changements de costume, sur lesquels on trouvera des détails presqu'à tous les chapitres du livre de Constantin Porphyrogénète, réclamaient un personnel nombreux de *vestitores*.
Les vêtements de parade s'appelaient αἱ ἀλλαγαί ou τὰ ἀλλαξίματα. Les gens préposés à leur
garde, οἱ ἐπὶ τῶν ἀλλαξίμων. Il y en avait pour les costumes proprement dits, d'autres pour
les chaussures, χοσβαῖται ; d'autres pour la coiffure.

place qui contient aussi Sainte-Sophie et l'hippodrome ; de l'autre, il regarde la merveilleuse perspective du Bosphore, animée par le spectacle des nombreux navires qui vont et viennent chargés des richesses de toutes les nations, ou des flottes qui s'exercent à des simulacres de combats.

A Byzance comme à Rome, l'autorité souveraine imprime à celui qui en est revêtu un caractère religieux et sacré. Du jour de son avènement, l'empereur s'élève au-dessus de l'humanité et participe de l'essence divine. « César, écrit Dion en parlant d'Auguste, désirait vivement être nommé Romulus ; mais s'étant aperçu que ce serait se faire soupçonner d'aspirer à la royauté, il y renonça et fut appelé Auguste, comme étant plus qu'un homme. En effet, les objets les plus respectables, les plus saints, sont dits augustes. C'est pour cela qu'en Grèce on l'a appelé Σεβαστός (1). » Après la mort du prince, les Romains lui dressaient des temples et des autels, instituaient un culte et des sacerdoces pour le servir, et à certains jours de l'année lui sacrifiaient des victimes. De ces coutumes, de cette liturgie, la religion chrétienne ne pouvait tout retenir. Cependant le culte officiel du prince ne fut pas aboli. Loin de diminuer la personne du prince, les chrétiens la grandirent encore ; seulement c'est d'une source différente qu'ils firent dériver son prestige.

A Rome, comme s'exprime encore Dion, l'empereur est le maître de toutes les choses profanes et sacrées. Mais ce privilège, il le tient non de sa puissance mais des lois (2). Toutes les dignités, toutes les magistratures, créées sous la République, il les réunit en sa personne. Il est consul, tribun, général d'armée, souverain pontife. L'*imperium*, la puissance publique, autrefois répartie entre plusieurs, se concentre désormais en lui seul. Il est l'incarnation vivante de l'Etat. L'état, c'est lui ; parce qu'en dehors de lui le pouvoir ne s'exerce que par sa délégation. Or, dans les sociétés antiques, l'Etat, comme la cité, comme la famille, est une personne religieuse et morale. La famille est constituée par l'union spirituelle de la génération vivante avec les générations éteintes ; les âmes des ancètres, toujours en communion étroite avec leurs descendants, sont les dieux familiers, les lares du foyer. Le père est le prêtre de ce culte domestique. A l'image de la famille, la cité a de même son culte et son foyer ; semblablement l'Etat, qui est la réunion des cités, contient tous les cultes particuliers et les résume comme en une synthèse vivante. L'empereur, en tant que magistrat suprême et souverain pontife, est le prêtre officiel de cette divinité collective. Il se confond et s'identifie avec elle. Il y a communication, pénétration intime de la divinité de l'une à l'humanité de l'autre. C'est ainsi qu'après la révolution qui renversa la république, s'organise dans toutes les provinces le culte de Rome et d'Auguste, qui symbolise l'union de l'empire et de l'empereur. Cette religion nationale se superpose à toutes les religions privées et locales ; elle les embrasse et les contient toutes. Elle exprime en même temps que l'union de l'Etat et de celui en qui l'Etat s'incarne, celle de toutes les parties du monde sur qui s'étend l'autorité de Rome. Pour les âmes pénétrées de la culture antique, la

(1) Dion. Lib. LIII, 16 : « ὡς καὶ πλεῖόν τι ἢ κατ'ἀνθρώπους ὤν. »
(2) Dion. Lib. LIII, 17.

Patrie, l'Etat ne sont pas des abstractions savantes, vides de réalité objective ; mais une puissance morale, existant en dehors de la conception humaine, exerçant une action sur le cours des évènements, possédant tous les
éléments de la divinité. C'est elle qui apparaît à César au moment qu'il va
franchir le pas décisif et mettre la main sur les libertés publiques ; c'est elle,
le *Genius publicus*, qui s'entretient avec Julien pendant son sommeil et le décide à prendre le pouvoir qui lui est offert par ses soldats (1). L'empereur est
divin parce qu'il participe de la divinité de l'Etat. Il est dieu après sa mort,
de par la consécration du Sénat, parce que de son vivant, c'est sous ses traits
que la puissance publique est apparue aux peuples et qu'elle s'est rendue
sensible aux regards de tous.

Le César byzantin lui aussi se proclame divin ; ses lettres continuent à s'appeler *sacra, divalia*, non comme on l'a dit, par un effet de la routine de la
chancellerie impériale et de la persistance des usages, mais parce que ces
expressions répondent au sentiment exact qu'ont les Byzantins de la nature
supérieure à l'humanité de leurs souverains. Cette divinité est encore d'adoption et de reflet ; mais elle est plus extérieure à son objet qui est l'empire,
plus indépendante et des lois et des hommes. L'empereur est l'élu de Dieu.
Il l'a choisi dès le berceau, quelle que soit l'obscurité de sa naissance, pour les
destinées auxquelles il est promis, et pour en faire l'instrument de ses desseins
sur le monde. Il l'a révélé par des signes visibles à quelques-uns de ses serviteurs. Inconscient de l'élection divine, le futur César marche, marqué d'un sceau,
droit au trône, qui lui est préparé de toute éternité. « L'empire terrestre est
l'image de l'empire céleste et l'empereur est l'image même de Dieu, son représentant sur la terre, le Christ temporaire, en qui il dépose le secret de
ses volontés, son vicaire et son prête-nom (2) ; c'est par lui qu'il règne. » Ces
paroles mystiques reviennent sans cesse sur les lèvres et sous la plume des
orateurs et des écrivains de Byzance. Ce ne sont là ni des métaphores, ni des
symboles, mais l'expression très-nette de croyances arrêtées, enseignées à
l'école et dans la chaire, et le fond même des idées sur lesquelles ce peuple
vivra pendant tout le moyen-âge. Pour lui la terre est le miroir du ciel,
l'empire chrétien est aux cohortes célestes ce que les barbares sont aux anges
rebelles ; la monarchie romaine doit être ordonnée sur le modèle de la monarchie céleste. Dieu est une sorte d'empereur cosmique, παμβασιλεύς. Par

(1) Amm. Marcell. Lib. XX, cap. 5 ; « Per quietem aliquem visum, ut formari Genius publicus solet, hæc objurgando dixisse. »

(2) Velut vicarius Dei præsidens in terris (Ep. II Anastasii papæ). Voir à l'appui un grand
nombre de citations dans notre ouvrage *De l'autorité impériale en matière religieuse à Byzance*, chap. II. On pourrait les multiplier à volonté. En voici quelques autres : « καθ'ὁμοίωσιν
τῆς ἐπουρανίου βασιλείας ἔδωκέσοι τὸ σκῆπτρον τῆς ἐπιγείου βασιλείας. » *Agapeti monachi Ecthesis*, cap. I.

Γενός τὸ μέγα Ῥωμαίων,
ἡ χριστου κληρονομία
ἐδόθη νῦν, βασιλεῦ, σοι
κατὰ τὴν θείαν καρδίαν,

Photii Carmina.

(Migne, Patrol. grecque, Tom. CII, p. 583.)

contre, l'empereur terrestre est nécessaire à l'équilibre des choses humaines, la pièce maîtresse de l'édifice qui s'écroulerait sans lui (1). On ne comprend pas plus la terre sans lui que le monde sans Dieu. « Il est inné au monde comme l'œil au corps (2). »

Cette foi intrépide ne s'embarrasse d'aucune objection, ne se laisse déconcerter par aucune contradiction. Les effroyables tempêtes qui parfois assaillent l'empire sont des épreuves suscitées par Dieu pour raffermir la foi des justes ou pour châtier les erreurs de son peuple. Jusqu'au dernier jour, les Byzantins croiront à l'éternité de l'empire. Dieu ne peut vouloir ruiner de ses mains son œuvre et anéantir le foyer d'où sa parole doit rayonner sur le monde, sacrifier aux ennemis de son nom les dépositaires de sa loi. Ainsi s'expliquent, après des périodes d'affaissement et de recul, l'étonnante facilité avec laquelle l'empire se relève, les explosions de fanatisme qui le rendent tout à coup redoutable à ceux qui l'avaient impunément bravé. L'indignité des Césars n'est pas non plus un obstacle aux adorations dont leur personne est l'objet. Sans doute ils ne sont que l'instrument des colères célestes. On n'en révère pas moins en eux le caractère sacré, indépendant du démérite individuel. L'esprit de Dieu habite en eux, comme en un vase impur une précieuse liqueur. Les compétitions furieuses dont l'empire est l'enjeu, les discordes sanglantes qui les accompagnent, les scènes tragiques dont les mystères du palais laissent à peine transpirer le secret, le massacre des familles régnantes par un usurpateur audacieux, ne font pas capituler leur imperturbable logique. Le succès amnistie et lave tout; le victorieux est un prédestiné; le ciel s'est prononcé pour lui, comme par une espèce de jugement de Dieu. Aussi du jour où le patriarche l'a sacré, il est proclamé saint (3). Il est Dieu, « non par nature, mais par adoption » (4). Cette appellation divine, avec la restriction nécessaire que l'usage sous-entend, a cours parmi le peuple, comme au temps de la Rome païenne. Les soldats sous la tente, disputant avec les Huns du mérite respectif de leurs souverains. « Est-il juste, dit l'un d'eux, de comparer l'un avec l'autre, un homme et un Dieu ? Car Attila est un homme, mais Théodose est un dieu (5). » Et au moment de la persécution iconoclaste, l'empereur Théophile ayant proscrit le terme de *saint*, l'historien ajoute, en manière de réflexion : « Dieu cependant laisse porter son nom à des êtres qui tiennent à l'humanité. Les prophètes n'ont-ils pas dit des princes : « Vous êtes des dieux. » Pourquoi donc interdire le nom de saint, qui est infiniment plus humble (6) ? »

De leur vivant, leur parole est le verbe même de Dieu (7). Après leur mort, salués par une apothéose qui rappelle par bien des traits l'apothéose païenne,

---

(1) Remarquer l'épithète très fréquente de κοσμοσυστάτης.

(2) « ὥσπερ ὀφθαλμὸς ἐμπέφυκε σώματι. » *Agapet. Ecthesis,* cap. 46.

(3) Syméon le Thessalonique dit : « τὸν βασιλέα χρίων ὁ ἀρχιερεὺς ἅγιον ἀνακηρύττει. »

(4) Theophan. Continuat. Anonym. Lib. III, cap. 10.

(5) Priscus Rhetor. Hist. Goth. (Excepta de Legat. § 49).

(6) Theoph. Contin. Lib. III, cap. 10.

(7) Theophan, (p. 337) : « ὁ μονογενῆς υἱὸς καὶ λογος Θεοῦ, » Il s'agit de Justinien.

ils iront s'asseoir à la droite du Christ pour régner avec lui dans les cieux (1).

Qui ne voit, au point de vue de la direction spirituelle de la chrétienté, le danger de cette situation entre ciel et terre et les conséquences qu'en tireront les empereurs dans leurs rapports avec l'Eglise? Si l'empereur est directement inspiré de Dieu, visité par sa grâce; si le Saint-Esprit parle par sa bouche, si son pouvoir est une émanation du pouvoir céleste, de quel droit s'avisera-t-on de tracer une limite à son action sur l'Eglise, de séparer le sacré du profane, d'interdire à son immixtion le domaine de la religion? Quelle part restera au clergé, quelle part au patriarche ? A la différence des religions antiques qui ne connurent jamais cette séparation des pouvoirs religieux et politiques, chez qui le magistrat était en même temps le ministre des dieux, le christianisme entre les hommes et la divinité a constitué un intermédiaire, une caste vouée au service des autels, qui est par un sacrement spécial investie du sacerdoce et qui en exclut les laïques. Comment désormais accorder son ministère avec les prétentions impériales ? Comment tracer une ligne de démarcation entre les pouvoirs du patriarche ou du pape et celui de l'empereur, alors que l'un et l'autre se réclament également de l'investiture divine ? En réalité le débat ne fut jamais tranché entre les deux puissances rivales ; l'équivoque entretenue par les souvenirs du souverain pontificat exercé par les empereurs païens et même par les premiers empereurs chrétiens ne fut jamais entièrement dissipée. Ces souvenirs continuèrent à peser sur toute la destinée du bas-empire. Ce fut l'origine des conflits qui périodiquement éclatèrent entre Rome et Byzance et dont le schisme fut la solution nécessaire. La politique des évêques, celle même des papes ne fut pas, au début de l'empire chrétien, suffisamment hardie. Grégoire de Naziance proclame que l'empire est un *sacerdoce* (2). Le métropolitain, dans la prière qu'il lit au couronnement des empereurs, les rappelle aux devoirs de leur *sacerdoce impérial*. Les évêques de Rome, quand ils font appel au bras séculier pour la répression de l'hérésie, ne font pas difficulté d'invoquer l'âme sacerdotale et apostolique de César (3). A qui donc le Christ a-t-il laissé son héritage ? Quel est le successeur de Pierre et des apôtres? Qui a la garde du troupeau mystique ? Les textes abondent, émanant de la curie romaine, qui font dériver le pouvoir des pontifes de la filiation de Pierre. Les paroles du Christ parlant à son disciple : « Tu es Pierre, et sur cette pierre je bâtirai mon Eglise », ont toujours passé pour la charte de fondation de la papauté, la base la plus indiscutable de sa suprématie. Et cependant quiconque parcourt les textes byzantins, s'aperçoit que les mêmes titres sont invoqués en faveur des prétentions impériales. Ce sont des évêques de Syrie qui écrivent à l'Empereur : « Voici que Christ a rempli la promesse qu'il a faite au monde quand il a dit : Tu es Pierre, et sur cette pierre je bâtirai mon Eglise, et les

(1) Eusèbe, *De vita Const.* Lib. IV, cap. 48 : « συμβασιλεύειν μέλλοι τῷ Υἱῷ τοῦ θεοῦ. »

(2) βασίλειον ἱεράτευμα. Greg. Naz. (Prior Invect. in Julianum).

(3) V. les lettres du pape Léon :
A l'emp. Léon : « Sacerdotalem namque et apostolicum tuæ pietatis animum. »
A Théodose II : « Vobis non solum regium sed etiam sacerdotalem animum inesse gaudemus.
A Marcien : « In christianissimo principe sacerdotalem experimus affectum. »

portes de l'enfer ne prévaudront pas contre elle, puisqu'il a revêtu Votre Majesté des ornements impériaux. » Les évêques d'Isaurie ajoutent : « Tu es le digne émule de ce Constantin d'immortelle mémoire, qui maintenant bienheureux, jouit de sa gloire pendant l'éternité aux côtés de Dieu, avec David comme lui roi et prophète, avec Pierre et avec Paul, parce que, semblable à eux, il a prêché la vérité. » Un pape exhortera l'empereur Léon « à entrer en partage des mérites des apôtres et des prophètes ». Au concile de Chalcédoine, les pères s'écrieront : « Gloire à Marcien. Tu es à la fois prêtre et empereur, vainqueur à la guerre et docteur de la foi (1). » Et l'empereur Constantin Porphyrogénète, dans la préface de ses lois, ne fera que ratifier et consacrer, dans un document législatif, la croyance populaire, quand il écrira : « Dieu qui a remis entre nos mains la puissance de l'empire, nous a donné une preuve éclatante de son amour, puisqu'il nous a confié, comme au successeur de Pierre, prince des apôtres, son troupeau fidèle (2). » Des deux côtés nous rencontrons mêmes arguments et mêmes textes pour revendiquer, soit au profit du pape, soit au profit de l'empereur, l'héritage du Christ. On ne s'étonnera pas d'entendre, par la suite, les césars invoquer leur qualité de pontife pour trancher les litiges religieux qui divisent la chrétienté, et l'un d'eux, Léon l'Isaurien, signifiant à Grégoire III le décret qui ordonne la destruction des images, le motiver par ce considérant : Attendu que je suis roi et prêtre, βασιλεύς καὶ ἱερεύς.

Ce serait un sujet d'étude psychologique d'un haut intérêt au point de vue de l'histoire, que de pénétrer l'état d'âme du premier César chrétien, de scruter ses intentions, de savoir quelle place il entendait se faire dans l'Eglise qu'il appelait à l'existence légale et bientôt à une prépondérance officielle. Malheureusement nous ne pouvons nous rendre compte du travail intérieur qui s'opéra dans sa conscience, qu'à travers les phrases du pompeux panégyrique d'Eusèbe. Du moins nous montre-t-il le sentiment et les appréciations du clergé triomphant et reconnaissant envers son bienfaiteur. Il est évident *à priori* que Constantin n'entendait rien abdiquer de l'autorité exercée jusqu'à ce jour par les Césars sur la religion d'Etat, ni rien diminuer de l'héritage reçu par lui de ses prédécesseurs ; et d'autre part le clergé n'était pas en situation de traiter avec lui de puissance à puissance et de débattre les conditions d'un contrat. Il recevait comme une faveur inespérée la protection du prince. Persécuté la veille, traité comme l'ennemi de l'Etat, presque sans transition il devenait le favori, le conseiller officiel de l'empereur. Il eût été mal venu à marchander les termes de sa reconnaissance. Notons enfin que

(1) Conc. Chalced. 6ᵉ session.

(2) *Epist. ep. Syriæ secunda ad Leonem :* « Nunc etiam ad terminum adduxit promissionem quâ in sanctis Evangeliis Petro dictum est : Tu es Petrus et super hanc petram ædificabo ecclesiam meam.... quamdo vestram tranquillitatem... augustâ veste circumdedit. »
Epist. ep. Isauriæ ad Leonem : « Qui cum David quidem, sicut rex et propheta stat apud Deum, cum Petro et Paulo, quasi similis eis, in prædicationibus veritatis affulget. »
Ep. Leon. papæ ad Leonem imp. : « Ad consortium te apostolorum ac prophetarum securus exhortor. »
Const. Porphyrog. Préface des Lois : « κατὰ Πέτρον τὸν κορυφαιοτάτην τῶν Ἀποστόλων ἀκρότητα, ποιμάνειν ἡμᾶς κελεύσας τὸ πιστότατον ποίμνιον. »

Constantin ne fut toute sa vie qu'un catéchumène, que quelques jours seulement avant sa mort il voulut recevoir le baptême des mains d'Eusèbe de Nicomédie. Il paraissait d'autant plus difficile de lui faire une place dans les cadres officiellement réglés de la hiérarchie ecclésiastique. Aussi remarquons-
nous l'embarras de son panégyriste pour caractériser son rôle dans l'Eglise, et
les termes ambigus qu'il accumule pour préciser ses fonctions. L'empereur,
avant de prendre une décision, s'enferme dans ses appartements secrets et seul
à seul s'entretient avec Dieu qui l'inspire. C'est sa manière « de participer aux
saints mystères, de s'acquitter de ses devoirs de pontife et d'hiérophante, »
nous dirions presque de dire sa messe (1). Quand il entre au concile de
Nicée, réuni par son ordre pour pacifier l'Eglise troublée, il apparaît « comme
un ange du ciel, éblouissant les Pères des rayons qui se dégagent de sa personne (2). Il prend part aux délibérations, pèse les arguments et les témoignages au même titre que les autres évêques et « comme l'un d'entre eux (3) ».
Sa parole est écoutée « comme celle d'un héraut de Dieu (4) ». Lui-même a pris
soin de définir ses attributions. Il s'intitule l'évêque général constitué par
Dieu (5). Ailleurs, dans une conversation familière avec les prélats qu'il a priés
à un festin, il leur dit : « Vous êtes les évêques chargés des soins intérieurs de
l'Eglise ; pour moi je suis l'évêque du dehors (6) ». Il écrit à Arius pour mettre
un terme aux discordes que sa doctrine a soulevées ; il s'érige en arbitre du
différend, estime une vétille et une querelle de mots les subtilités auxquelles
des deux parts on s'est abandonné, et s'annonce comme « le prytane de la
paix ». Ses lettres et ses instructions aux évêques, il les signe « votre co-servi-
teur », usant de la même formule que les papes emploieront après lui (7).
Non qu'il entende usurper ainsi sur les droits et les prérogatives des évêques ;
ce serait interpréter à contre-sens sa pensée. Il croit au contraire condescen-
dre à leur humilité, relever leur condition en la rapprochant de la sienne, les
honorer par la participation de la majesté impériale à leur dignité. Il est clair
qu'Eusèbe et l'épiscopat dont il est l'organe n'entendent pas autrement ces paroles, que le panégyriste les rapporte avec complaisance, pour la gloire de
l'empereur et l'illustration du sacerdoce. De cette équivoque prolongée, favorable dans le principe aux deux parties, naquit une confusion d'attributs et de
pouvoirs que rien dans la suite ne put dissiper complètement, qui fut une
source d'incessants conflits entre des autorités rivales, et qui eut pour le développement ultérieur des institutions ecclésiastiques les conséquences les plus
inattendues.

(1) οἶα τις μέτοχος ἱερῶν ὀργίων. Eusèbe. *(De Vita Const.* Lib. IV, cap. 22.)
πάσῃ ῥώμῃ ψυχῆς καὶ σώματος θείας ἱεροφαντίας ἐτελεῖτο. *Id. ibid.*
οὕτω μὲν αὐτὸς τῷ ἑαυτοῦ ἱερᾶτο θεῷ. *Id.* Cap. 23.

(2) οἶα θεοῦ τις οὐράνιος ἄγγελος. *Id.* Lib. III, cap. 10.

(3) ὡσεὶ καὶ τῶν πολλῶν εἷς. *Id.* Lib. I, cap. 44.

(4) ὡσανεὶ θεοῦ μεγαλοφωνότατος κῆρυξ. *Id.* Lib. II, cap. 61.

(5) οἶα τις κοινὸς ἐπίσκοπος ἐκ θεοῦ καθεσταμένος. *Id.* Lib. I, cap. 44.

(6) *Id. Ibid.* Lib. IV, cap. 24.

(7) συνθεράπων ὑμέτερος. Eusèbe *(De Vita Const.* Lib. III, cap. 17).

Quand la papauté eut pris force et qu'elle fut devenue le point d'appui solide de l'orthodoxie compromise par les Césars, elle s'efforça, mais trop tard, d'é-manciper l'Eglise de la tutelle impériale. Elle fit deux parts de l'héritage du Christ ; l'héritage spirituel, c'est-à-dire la direction spirituelle de la chrétienté, elle le réserva pour elle ; l'héritage temporel, c'est-à-dire, en même temps que l'administration civile, le soin de poursuivre et d'extirper l'hérésie, le devoir de protéger les églises, elle en fit l'attribut de la souveraineté laïque. La distinction des deux pouvoirs est le thème habituel des avertissements et des remontrances qu'à chaque renaissance de l'éternelle querelle, le pape envoie à l'empereur. A mesure que le lien politique se relâche entre le pape et l'empereur, que l'évêque de Rome voit plus prochaine et plus assurée son émancipation, ce langage devient plus précis et plus comminatoire (1). L'Occident suivit le pape dans sa querelle. L'avènement des monarchies barbares à l'indépendance, leur croissance politique, avaient accompagné l'élévation de la papauté. L'Orient ne put se déprendre de la suprématie de l'empereur. Le pli de l'obéissance était pris avant que la papauté eût grandi et pût parler d'égal à égal et de puissance à puissance au souverain.

Il y eut cependant, même en Orient, des résistances mémorables, dont le souvenir a été pieusement gardé par les historiens ecclésiastiques. Tous ceux qui étaient persécutés pour leurs croyances, naturellement, se réclamaient d'une autorité plus haute en matière de foi, et faisaient appel de l'empereur au pontife, invoquant, eux aussi, la distinction des deux pouvoirs (2). Nous en avons un exemple dans l'interrogatoire de l'abbé Maxime, cité devant le tribunal du patriarche Mennas, assisté de nombreux évêques, pour avoir refusé d'accepter le *Type* de Constance. — « Tu prétends donc, dit le patriarche, que tout empereur chrétien n'est pas un prêtre (3). — Il n'est pas un prêtre. Car il ne se tient pas debout à l'autel. Il ne sanctifie pas le pain et ne l'exalte pas en disant : *Sancta sanctis.* Il ne baptise pas, il ne fait pas le chrême, il ne confère ni l'épiscopat, ni la prêtrise. — L'Ecriture ne proclame-t-elle pas que Melchisédech était en même temps roi et prêtre ? — Melchisédech a été le type unique de l'union en une même personne du caractère pontifical et royal. — Et Mennas s'écria : Par ces paroles tu as déchiré l'Eglise (4). » La majorité du clergé d'Orient inclina toujours vers l'opinion de Mennas, et le patriarche de Cons-

(1) Ces lettres sont innombrables, et s'expriment toutes à peu près dans les mêmes termes. Voici un fragment qui peut servir de type :

« Manui regiæ non subjicitur sacerdotalis et apostolica nostra dignitas. Licet enim ipsius Christi imperatoris similitudinem in terris geras, rerum tamen mundanarum et civilium tantùm curam gerere debes. Quo igitur pacto a Deo largitus, es nobis terrenis rebus præesse, ita etiam nos per principem Petrum spiritualibus rebus Deus præfecit. Datum est tibi curare ut tyrannorum impietatem et feritatem gladio potentiæ concidas.... Gregis cura vero nobis commissa est...» (Stephani VI ad Basilium, ann. 888).

(2) Voir la doctrine d'Athanase (Epist. ad solitarium vitam agentes), celle de Grégoire de Naziance (Oratio 17); surtout au temps de la persécution iconoclaste, les appels des Orientaux à Rome devinrent fréquents. V. Opera Theodori Studii : Ep. ad Nicephorum patriarchum ; ep. ad Paschalem papam (817). Lib. II, ep. 12 et 13 : Ad Stephanum lectorem, ep. 53.

(3) Οὐκ ἔστι πᾶς βασιλεὺς χριστιανὸς καὶ ἱερεὺς.

(4) Relatio motionis sancti Maximi, translata ab Anastasio Biblioth.

tantinople, à de rares exceptions près, se constitua, contre le pape, le défenseur de la prérogative impériale.

La plupart des empereurs, soit par leurs connaissances théologiques, soit
par leur zèle contre les hérésiarques, soit par les habitudes extérieures de
leur vie, s'efforcèrent de justifier ce caractère sacerdotal. Avec l'ardeur d'un
néophyte, Constantin se jeta dans l'étude des textes sacrés. Il passait, dit son
biographe, des nuits entières à méditer sur les mystères divins, à écrire sur
des sujets d'édification, à rédiger des instructions pieuses à ses peuples. « Car
il estimait de son devoir de prince d'enseigner lui-même ses sujets. » Il composait en latin et faisait traduire en grec ses oraisons. Souvent il prêchait lui-
même en public, et alors, dit Eusèbe, l'onction de son geste et de sa voix,
l'expression de son visage pénétraient de componction son auditoire. Il nous
reste, à la suite de l'ouvrage d'Eusèbe, plusieurs de ses harangues. Jusqu'au
dernier jour de sa vie il se complut à ces prédications. Avant de mourir, il
prononça sur lui-même une façon d'oraison funèbre (1). Il a donné le ton à
tous ses successeurs. Théodose II fut un véritable ascète. Sous son règne, dit
Socrate, le palais différa peu d'un monastère. Il jeûnait très fréquemment, se
levait à matines pour chanter avec ses sœurs des hymnes au Seigneur, puis
récitait de mémoire l'évangile du jour. Il se plaisait en la compagnie des évé-
ques, et dissertait avec eux sur les matières de foi, « comme un vétéran de
l'épiscopat ». Il s'appliqua à collectionner les livres saints et tous leurs commentateurs, et mérita d'être comparé à Ptolémée Philadelphe (2). Son successeur, Marcien, l'égala par son zèle et ses vertus. Il en fut de même de sa sœur
Pulchérie, qui garda sa virginité dans le mariage, et fut honorée par l'Eglise
comme une sainte. On connaît la passion de Justinien pour la théologie. Dès
sa jeunesse, l'abbé Théophile l'avait rompu à la controverse. Tous les jours,
nous dit Procope, il se retirait dans sa bibliothèque, et jusqu'à une heure
avancée de la nuit, en tête à tête avec de vieux prêtres, il retournait en tous
sens les textes sacrés et pénétrait les mystères du Dogme (3). Son plaisir était
de provoquer les plus savants évêques à la discussion, de les troubler par les
citations que sa mémoire lui suggérait en foule et de les trouver en défaut.
Il tourmenta le pape Agapet au sujet des Trois Chapitres et d'Eutychès, et prétendit l'avoir convaincu d'hérésie. Victor, évêque de Tunis, eut fort à faire de
se défendre contre un si rude champion. Lui-même écrivit beaucoup sur ces
matières favorites : un traité sur l'Incarnation du Seigneur, un autre sur les
Trois Chapitres, un troisième sur l'incorruptibilité du Christ. Il imposait aux
évêques l'obligation de contresigner et d'approuver ses élucubrations, puis de
les enseigner aux peuples. Ses aptitudes d'ailleurs étaient multiples. Il fit bâtir
Sainte-Sophie et corrigea lui-même le plan des architectes. Il composa des
hymnes qui se chantaient encore dans les solennités de l'Eglise grecque plusieurs siècles après sa mort (4). On dit la même chose de plusieurs prin-

(1) Euseb. Cæsar. *De Vita Const.* Lib. IV, cap. 29, cap. 55.
(2) Socrate. *Hist. Eccl.* Lib. VII, cap. 22.
(3) De Bell. Goth. cap. 3.
(4) Voir sur Justinien, outre les trois ouvrages de Procope, la chronique de Victor de Tunis.
Eustathius, *Vita sancti Eustachii*, *Epistola Innocentii Maroniani ad Thematum pres-
byterum*.

ces et en particulier de Léon le Philosophe. Tous, et jusqu'aux derniers Césars, furent entêtés de théologie, grands amateurs de controverses, maniant les textes avec la dextérité de docteurs de profession. La théologie étant matière d'Etat, leur devoir impérial les obligeait à s'y montrer passés maîtres, comme à connaître les principes de l'administration et de l'art militaire.

Aux prétentions du prince au caractère sacerdotal semble s'opposer une barrière insurmontable. C'est le sacrement qui fait le prêtre ; or l'empereur n'a jamais reçu le sacrement de prêtrise. Quelque rigoureuse que paraisse l'objection, elle n'est pas décisive. Il y avait à Byzance des accommodements même avec la loi canonique, et l'empereur par la vertu de sa dignité jouissait de privilèges exorbitants, qui n'étaient réservés qu'aux clercs et rendaient douteuse la nature et l'essence même de son pouvoir. Ici, toutefois, il importe de distinguer soigneusement les époques. Les histoires ecclésiastiques ont rendu populaire la scène d'Ambroise, évêque de Milan, et de Théodose (1). L'empereur, se trouvant de passage à Milan, prétendit franchir la barrière qui séparait le Saint des Saints du lieu réservé à la foule, et prendre sa place près de l'autel. L'évêque lui fit sévèrement observer que le sanctuaire était réservé aux prêtres et aux diacres, et qu'il eût à descendre au rang des laïques. L'empereur se rendit docilement à cette observation. Il répondit seulement que son intention n'avait pas été d'empiéter sur les prérogatives des clercs, mais qu'il n'avait prétendu que se conformer à l'usage qui était en vigueur à Byzance. De retour dans sa capitale, comme, après l'offrande, il se mêlait aux laïques, le patriarche Nectaire le pria de reprendre sa place dans le sanctuaire. Mais lui : « Maintenant seulement, dit-il, je sais quelle différence existe entre un empereur et un prêtre, et je n'ai trouvé qu'un sincère ami de la vérité pour me l'apprendre, Ambroise, le seul évêque que j'aie rencontré, digne de ce nom. » Telle est l'anecdote. Que prouve-t-elle, sinon qu'à Byzance, avant Théodose le Grand, l'usage séparait l'empereur des laïques, qu'il assistait au sacrifice à la place réservée au clergé, mais qu'après l'initiative hardie de saint Ambroise, une coutume nouvelle s'établit, qui fit déchoir l'empereur de son rang et de son privilège (2).

Cette coutume prévalait encore au temps de Sozomène, c'est-à-dire de Théodose II. Dans l'intervalle, l'autorité épiscopale avait pris à Byzance un ascendant extraordinaire, grâce aux talents et à l'éloquence des grands prélats du Ve siècle. Jean Chrysostome, protégé par l'enthousiasme de la foule, pouvait braver impunément le palais, comparer l'impératrice à la fille d'Hérode demandant la tête de Jean, et protester contre l'érection de la statue d'Eudoxie sur la place de l'Eglise. Il écrivait : « Si le prince, couronné du diadème, s'approche indigne de l'autel, chasse-le ; car ta dignité est au-dessus de la sienne (3). » Sous les successeurs immédiats de Théodose le Grand, le patriar-

---

(1) Sozomène. Lib. VII, cap. 25. — Théodoret. Lib. V, cap. 17.

(2) Remarquer l'expression de Sozomène : « ἔθος ἦν τοὺς βασιλεῖς ἐν τῷ ἱερατείῳ ἐκκλησιάζειν. »

(3) Jean Chrysost. In Matt. Hom. 8.

che fut le vrai maître de Constantinople, une sorte de pape oriental, devant qui s'inclina soumise la majesté impériale.

Cette domination créait au prince un danger trop grand, elle risquait trop de l'annuler pour qu'il n'eût pas tenté de s'y soustraire et de prendre sa revanche, en reléguant le patriarche au rang de subalterne. Le moyen le plus efficace consistait à détourner à son profit une partie du prestige du patriarche, en se rapprochant de l'autel et en se montrant au peuple rehaussé de l'éclat des cérémonies religieuses. Ce point fut obtenu par le canon 69 du concile *in Trullo*, réuni par Justinien Rhinotmète (1) : « Il n'est permis à aucun laïque de pénétrer dans le sanctuaire ; cette défense ne concerne pas l'empereur quand il veut offrir ses présents à Dieu, suivant l'antique tradition. » A la faveur de ce prétexte s'ouvrit une brèche qui alla toujours s'élargissant et ne put être fermée. L'empereur n'entre plus dans l'église pour le sacrifice sans siéger parmi les clercs dans la tribune qu'on lui réserve dans le sanctuaire. A l'époque où fut rédigé le *Cérémonial* de Constantin Porphyrogénète, cette règle ne souffre presque plus d'exception. La plus grande partie de l'ouvrage est consacrée à l'étiquette qu'il convient d'observer à l'église pendant les solennités religieuses. L'auteur ne manque pas de signaler chaque fois la présence de l'empereur dans l'enceinte interdite aux laïques (2). Il est vrai qu'en même temps l'habitude impose à l'empereur l'obligation de faire, chaque fois qu'il se présente à l'autel, son offrande au Seigneur. C'est lui qui se réserve de fournir l'église des nappes, du corporal, des bandelettes, des disques nécessaires au service divin. C'est ainsi que dans la célèbre mosaïque de Saint-Vital à Ravenne, Justinien est figuré tenant à la main une coupe qu'il offre pour le sacrifice. Ce ne sont pas seulement les églises de la capitale, mais aussi celles des principales villes du monde chrétien, les sanctuaires les plus vénérés, qui reçoivent les cadeaux impériaux. Le *Liber pontificalis* abonde en descriptions de bijoux précieux qui sont des dons de la munificence impériale. Quand le prince n'a pas à donner de vases ou de fins tissus de soie, il se contente de déposer sur l'autel ou entre les mains du patriarche de petites bourses de soie remplies de monnaies. Dans certaines solennités, l'offrande s'élève à cent livres d'or. En somme, il ne vient jamais les mains vides, et sa fréquentation assidue enrichit le lieu saint. Le commentateur Reiske remarque qu'il paie son privilège au poids de l'or.

Par un détour nouveau, et peut-être pour enlever à l'obtention de ce privilège jusqu'à l'apparence d'un contrat simoniaque, consenti par l'Eglise de Constantinople, on en vient à faire à l'empereur une place dans la hiérarchie du clergé byzantin, place à la vérité très-humble et très-modeste, mais qui autorise sa présence dans l'enceinte sacrée. Les textes leur donnent les titres

---

(1) Voir le Commentaire de Balsamon d'Antioche à ce 69ᵉ canon : « Orthodoxi Imperatores, qui per Sanctae Trinitatis invocationem patriarchas provenunt et sunt ureti Domini, sine ullo impedimento, *quando etiam voluerunt,* ad sacrum altare accedunt et suffiunt et cum triplici cerio signant, sicut et pontifices. »

(2) Voir par exemple : Lib. I , cap. 9, 5 ; cap. 10, 2 ; cap. 10, 4 : cap. 16, 3 ; cap. 18, 13 ; cap. 20, 2 ; cap. 22, 2 ; cap. 23, 4 ; cap. 26, 2 ; cap. 27, 4, etc. L'auteur fait au contraire remarquer l'abstention de l'empereur qui se produit rarement : Lib. 1, cap. 27, 2 ; cap. 28, 2.

les plus variés : défenseur, députatus, lecteur, sous-diacre et diacre. Grâce à
ce titre, il jouit de prérogatives interdites aux laïques. Il touche la nappe de
l'autel et y applique ses lèvres. Il prend de ses mains le pain consacré et com-
munie comme les prêtres, le patriarche offre à sa bouche le calice. Bien plus,
le Cérémonial nous le représente en fonction de sous-diacre. Il lit l'épitre à la
tribune, il porte l'évangile, comme fit Justinien dans le cirque un jour d'é-
meute (1); il allume les cierges, il reçoit du patriarche l'encensoir et le pro-
mène autour de la sainte-table, il change lui-même la nappe de l'autel; bien
plus, il s'arme d'un plumeau de plumes de paon et purifie l'autel de ses souil-
lures (2). On aurait peine à croire que l'empereur descende à ces fonctions
inférieures, si le Cérémonial n'en reproduisait le détail tout au long, et ne le
répétait pour chacune des solennités auxquelles participe la majesté impériale.

C'est par cette porte basse que l'empereur pénètre dans le sanctuaire. Mais
son autorité y trouve son profit. Grâce aux fonctions dont il exerce le simula-
cre, il a pied sur les marches de l'autel; il est un membre de l'Eglise officielle.
Il cesse d'être un profane; il se sépare de la foule des laïques et grandit aux
yeux des fidèles de toute la vénération qui accompagne les ministres du culte.
Il y gagne encore de pouvoir, sans paraître usurper sur la prérogative des
pontifes, interpréter le Dogme, catéchiser le peuple et légiférer en matière
de foi.

A mesure que vieillit l'empire et qu'il s'éloigne de son origine ; à mesure
surtout que sa puissance matérielle et son influence politique décroissent, le
caractère religieux du monarque s'accentue et finit par dominer entièrement.
Il se dépouille des autres éléments qui en d'autres temps ont concouru à rendre l'empire redoutable et dont l'évènement a démontré la fragilité. Seul ce
caractère demeure inattaquable et incorruptible. Il ne doit rien aux hommes,
mais tient tout de Dieu, qui continue à visiter de sa grâce et à honorer de
son élection spéciale le César, héritier de l'empire, réduit à défendre contre
les barbares les murailles de Constantinople. Le langage des écrivains de la
décadence byzantine, toutes les fois qu'ils parlent de la dignité impériale,
reflète cette impression. Dans leurs paroles mystiques, on a peine à retrou-
ver le général et le législateur, qu'ont été Théodose, Justinien et Basile. L'empereur n'apparaît plus que comme l'hôte du sanctuaire et le familier du Seigneur. « Pour tout dire, écrit un évêque, l'empereur jouit de tous les privilèges du sacerdoce, sauf qu'il n'accomplit pas le sacrifice. Nous lisons, au livre
19 des *Antiquités juives*, de Flavius Josèphe, cette inscription : Tibérius,
Claude, César, Auguste, Germanicus, grand pontife, tribun du peuple, consul
pour la deuxième fois. Quant à celui qui par héritage a obtenu parmi nous
l'empire, il est le Christ du Seigneur par l'onction impériale. Il est proclamé
après tous ses prédécesseurs, et il est en vérité notre Christ, notre Dieu, notre
évêque, et il a droit à toutes les prérogatives pontificales (3). »

____

(1) Plusieurs médailles des empereurs les représentent portant l'Evangile.

(2) Voir pour le détail de ces fonctions : *De Cerimoniis*. Lib. I, cap. 25, 2; Lib. 1, cap.
34 ; Lib. II, cap. 12.

(3) Demetrii Chomateni ad Constantinum Cabasilam responsum (Leunclavius Jus Græco-Roma-

Au milieu des ruines que la décrépitude accumule autour de l'empire, seul le respect pour la personne impériale n'a pas vieilli. Pour les Byzantins, le César est une sorte de Messie de qui ils attendent le relèvement et le salut. Dieu ne doit pas laisser protester l'alliance qu'il a conclue avec lui au jour de son couronnement. L'idée chrétienne ou plutôt juive que Constantin a greffée sur la souche romaine, alors que toute sève est d'ailleurs tarie, soutient seule l'édifice impérial ébranlé et réconforte la foi de ceux qui l'habitent.

CHAPITRE III.

LE NOUVEL EMPIRE.

Si le christianisme a dénaturé le principe sur lequel reposait l'institution impériale; s'il a fait dériver d'une investiture divine directe, le pouvoir qu'Auguste et ses successeurs prétendaient tenir des lois, il n'a pas modifié moins profondément la notion d'empire, c'est-à-dire l'idée que se représentaient les Romains de leur droit à exercer la domination universelle. Il est nécessaire d'analyser à son tour cette idée, si nous voulons nous rendre un compte exact de la politique pratiquée par les Césars byzantins à l'égard des Barbares.

De bonne heure Rome visa à la domination du monde et ses maitres gouvernèrent avec le dessein prémédité de cette conquête. Le jeu de mots qui rapprochait dans une même formule le nom de la Ville et celui du globe, *urbis et orbis*, n'était que l'expression populaire de la pensée des politiques et des hommes d'Etat. Les oracles, les livres sybillins consacraient cette ambition et la légitimaient comme répondant aux volontés des dieux. Virgile, qui a mis en œuvre tout le passé légendaire et mythologique du Latium, n'a pas manqué dans ses vers les plus amples et les plus magnifiques, d'exalter la gloire de cette Rome « qui égalera son empire à la terre (1) ». Il fait dire par Jupiter à Vénus, mère d'Enée : « Je n'assigne de bornes ni à l'étendue de la puissance de tes fils, ni à la durée de leur puissance. L'empire que je leur ai donné n'aura pas de limites (2) ». Toutefois, il ne faut pas se tromper sur la portée de ces prédictions et de tant d'autres qui remplissent la littérature latine. Cette domination du monde, elle était devenue à peu près une réalité à l'époque où Virgile écrivait. Il n'y avait rien de chimérique à la constater dans la revue rétrospective faite par le poète de tous les grands hommes qui avaient concouru à ces résultats. Le succès de la politique qui avait étendu l'empire de Rome d'abord aux limites de l'Italie, qui lui avait permis ensuite d'absorber

---

num. Lib. V, Resp. 1, 2). Καὶ ὡς ἔπος εἰπεῖν, πλὴν μόνον τοῦ ἱερουργεῖν, τὰ λοιπὰ ἀρχιερατικὰ προνόμια σαφῶς εἰκονίζει ὁ βασιλεύς... Ὅτι οὖν καὶ χριστὸς Κυρίου ὁ κατὰ καιροὺς βασιλεύς ἐστι, διὰ τὸ χρίσμα τῆς βασιλέως : ὁ δὲ Κριστος καὶ θεὸς ἡμῶν μετὰ τῶν ἄλλων, καὶ ἀρχιερεὺς ἡμῶν καὶ γέγονε καὶ ἀνακησύττεται εὐλόγως, καὶ αὐτὸς ἀρχιερατίκοις κατακοσμεῖται χαρίσμασιν·

(1)　　　　　　　　　Illa inclyta Roma
Imperium terris, animos æquabit Olympo.
　　　　　　　　Lib. vi, v. 783.

(2)　　　His ego nec metas rerum nec tempora pono;
Imperium sine fine dedi.
　　　　　　　　Id., lib. i, v. 278-230.

la Grèce, la Macédoine, l'Asie, l'Afrique, l'Espagne et la Gaule, ouvrait à l'orgueil du peuple qui porte la toge des perspectives infinies. L'empire concordait bien avec le monde connu, puisque ses frontières allaient des rives de l'Océan aux montagnes d'où descend l'Euphrate, des sables de Libye au Danube, au Rhin et jusqu'aux îles du Septentrion qu'enveloppent d'éternels brouillards. Au delà s'agitaient des peuples confus dont Rome ignorait même le nom, dont elle ne pouvait prévoir les convulsions intérieures et les entreprises, et qui, dissimulés derrière le rideau des grands fleuves et des forêts impénétrables, sans consistance politique, sans mœurs et sans lois, comme disaient les historiens, ne paraissaient pas un péril pour l'avenir. Plus tard, cependant, quand Rome pendant trois siècles se fut mesurée avec ces adversaires et les eut appréciés, quand sur ses frontières, qui étaient celles même de la civilisation, des brèches eurent été ouvertes, que l'épée des légions avait peine désormais à fermer ; après que de laborieux empereurs eurent usé leur vie à courir d'une extrémité du monde à l'autre, pour protéger les points continuellement menacés, l'empire se prit à douter de sa fortune, une lassitude découragée s'empara des âmes, on ne répéta plus avec la même complaisance les superbes paroles que les triomphes d'Auguste inspiraient à ses contemporains. Un homme qui du Rhin à l'Euphrate passa la plus grande partie de sa vie à combattre la barbarie, un des derniers historiens latins, et non des plus médiocres, Ammien Marcellin, trouve encore des accents émus pour exprimer la grandeur et la fortune de sa patrie. « Dans toutes les parties de la terre habitée, dit-il, Rome est considérée comme une maîtresse et une reine ; partout l'autorité de son sénat et le nom du peuple romain, sont l'objet des hommages et du respect (1). » Et cependant le même homme, orgueilleux de la gloire du passé autant qu'alarmé sur l'avenir, s'étonne et s'indigne de la confiance imperturbable que révèlent les titres nouveaux dont se parent les premiers Césars chrétiens. Ces promesses d'éternité et d'immortalité dont se flatte la majesté impériale l'attristent et le trouvent incrédule. Il n'admet plus que Constantin puisse de sa propre main signer « le maître du monde ». Ce sont là des formes d'adulation qu'il juge surannées, des témoignages d'aveuglement ou d'orgueil qui le choquent, auxquels son oreille est depuis longtemps déshabituée (2). Le présent a donné un trop cruel démenti aux rêves du passé pour que le vieux soldat partage cette assurance téméraire. Il croit assister à la banqueroute de la fortune de Rome. La foi aux dieux défaille en même temps que la foi aux destinées éternelles de l'empire.

Mais voici qu'avec une foi nouvelle, une nouvelle espérance vient animer ce vieux monde et réveiller sa confiance. Désormais c'est sur une autre base, sur un fondement jugé indestructible, que l'empire chrétien va faire reposer sa

(1) Per omnes, quotquot sunt, partes terrarum, ut domina suspicitur et regina, et absque patrum reverentia cum auctoritate canities, populique Romani nomen circumspectum et verecundum. Am. Marcel., lib. XIV, cap. 7.

(2) Quo ille studio blanditiarum exquisito sublatus, immunemque se deinde fore ab omni mortalitatis incommodo fidenter existimans, confestim a justitiâ declinavit ita intemperanter, ut æternitatem eum aliquoties adsereret ipse dictando, scribendoque propriâ manu orbis totius se dominum appellaret. Am. Marc., lib. XV, cap. 1.

croyance en des destinées plus brillantes et plus durables. En abandonnant les dieux du paganisme pour adorer le Dieu des chrétiens, le peuple romain a scellé un nouveau pacte, conclu une nouvelle alliance, qui lui garantit en échange de sa fidélité et de son orthodoxie la propriété de la terre. Le contrat avec le peuple élu, dont Abraham et Moïse furent les intermédiaires, a été relevé par le peuple romain qui a hérité du peuple juif. C'est sur l'unité, sur l'universalité de Dieu que s'étaie et s'appuie l'unité et l'universalité de l'empire chrétien. Cette croyance n'est plus seulement un espoir plausible fondé sur l'expérience de succès continus, une hypothèse dont l'évènement a fait pour un moment une réalité, le rêve de politiques heureux, infatués par la persistance de la fortune ; elle est maintenant une certitude, parce qu'elle a la valeur d'un dogme.

Les théoriciens et les apologistes de l'empire chrétien de Byzance, aussi bien ceux qui ont présidé à ses brillants commencements que ceux qui ont assisté à sa décadence et à sa décrépitude, n'ont jamais varié dans cette foi. Le premier de tous, Eusèbe de Césarée, a tracé les grandes lignes de cette doctrine, que nous retrouvons invariables chez tous les autres ; car la définition d'un dogme ne change pas. Aussi est-ce aux écrits d'Eusèbe qu'il nous faut recourir pour en surprendre dans sa première expression l'exposé philosophique le plus complet.

Si l'empereur est l'image et le représentant de Dieu, la monarchie divine est le modèle et l'*archétype* de la monarchie humaine, l'empire terrestre est l'image de l'empire céleste. Tel est le point de départ. « D'où est venu aux hommes, se demande Eusèbe, la notion d'un empire légitime et de la puissance royale ? D'où la communication à un être fait de chair et de sang du pouvoir impérial, sinon du Verbe de Dieu qui pénètre toutes choses, qui a suggéré à toutes les intelligences et imprimé dans tous les esprits le type d'une magistrature se modelant sur celle de Dieu, d'un ordre humain répondant à l'ordre divin. (1) » L'avènement de l'empire est contemporain de la naissance du Christ. Cette rencontre n'est pas l'œuvre du hasard, mais le signe d'une prédestination spéciale qui n'a pas échappé à ceux-mêmes des gentils qu'une vertu particulière ou un génie supérieur disposaient à recevoir les mystérieux avertissements de la divinité. Parmi ceux-là se range Virgile, l'auteur de l'épître à Pollion, qui à partir du IV⁰ siècle va prendre place parmi les prophètes de la loi nouvelle. Ses vers, détournés de leur sens littéral, servent déjà de texte aux développements d'une oraison de Constantin qu'Eusèbe nous a conservée. Si l'empire a presque réalisé la domination universelle, si tant de royaumes, tant de civilisations différentes ont été absorbés successivement par lui, c'est par un dessein évident de la Providence, qui préludait ainsi par l'unité politique du monde à son unité religieuse. Enfin apparut Constantin que Dieu réservait pour la manifestation la plus éclatante de ses vues sur l'humanité. Il a vaincu par le Christ et pour le Christ. Licinius et Maxence qui faisaient obstacle à la victoire définitive du christianisme, ont succombé à ses

(1) Eusèbe, De Laud. Const., cap. IV : « τῷ τῆς κατὰ γῆν βασιλείας μιμήματι τὴν οὐράνιον ἐκτυπούμενος. »

coups ; par lui s'est réalisé l'unité chrétienne du peuple romain. Désormais l'ère du *millenium* annoncée par les prophètes est ouverte. Le monde entier, conquis par celui que Dieu a institué son vicaire et son porte-sceptre, va jouir de la paix universelle. Ces vues d'ensemble sur la marche et le progrès des choses humaines, qui seront reprises par saint Jérôme, par Paul Orose et tant d'autres, qui vont devenir les lieux communs de la philosophie de l'histoire, à l'usage des chrétiens, apparaissent ici pour la première fois. Eusèbe a emprunté les premiers linéaments de sa doctrine d'abord aux Livres Saints, puis aussi aux premiers apologistes du christianisme persécuté, Tertullien et Lactance ; il en a rassemblé les éléments épars, l'a dégagée du vague et de l'indéterminé dans lequel l'enveloppait encore le prophétisme ; il l'a montrée vérifiée par les événements inattendus dont lui-même et ses contemporains avaient été les spectateurs et justifiée par le coup de théâtre éclatant de la conversion de Constantin.

Rien ne s'oppose plus maintenant à la réalisation de l'empire universel. Dieu a promis de faire connaître son Evangile aux nations ; toutes elles s'inclineront devant celui que Dieu a déclaré l'instrument de la diffusion de la parole de vie. Elles oublieront leurs faux dieux, leurs gouvernements particuliers, feront taire les dissentiments qui les ont armées les unes contre les autres, pour se fondre dans la grande unité impériale et chrétienne. « Autrefois, dit Eusèbe, le monde, suivant les peuples et les lieux, était divisé entre un nombre infini de dominations, de tyrannies, de principats. De là des guerres continuelles, avec les ravages et les rapines qui en sont la suite. Cette division tenait à la diversité des dieux que chacun adorait. Mais aujourd'hui que la croix, instrument de salut et trophée de victoire, a été montrée à la terre et s'est dressée contre les démons, aussitôt l'œuvre des démons, c'est-à-dire des faux dieux, s'est dissipée comme un souffle ; dominations, principats, tyrannies, républiques ont fait leur temps. Un seul Dieu est annoncé à tous, un seul empire est debout pour les recevoir et les contenir, à savoir l'empire romain. Ainsi, dans le même temps, par la volonté céleste, deux germes ont grandi, se sont élancés de terre et ont couvert le monde de leur ombre, l'empire romain et la foi chrétienne, destinés à unir dans les liens d'une concorde éternelle le genre humain tout entier. Déjà les Grecs, les Barbares et les peuples qui habitent l'extrémité de plages inconnues, ont entendu la voix de la vérité. Là ne s'arrêteront pas ses conquêtes. Elle étendra son domaine jusqu'aux limites où finit la terre, et la tâche lui sera rapide et facile. Le monde ne sera qu'une nation, les hommes ne formeront qu'une famille sous le sceptre d'un père commun (1). »

Telle est bien la doctrine dont les évêques ont pénétré l'âme de l'empereur néophyte ; tel est le système séduisant dont ils ont nourri son esprit, flottant et irrésolu au milieu des courants d'opinions contraires et de croyances ennemies qui se partageaient le monde romain ; telles sont les perspectives illimitées que le christianisme triomphant développait, comme un programme, aux ambitions des premier Césars byzantins. Cette philosophie, il en devient

______

(1) Eusèbe. De Laudibus Const., cap. 16 ; — De Vitâ Const., lib. 1, cap. 8 et lib. 11, 19 ; — De Laudibus Const., cap. 10.

le fervent adepte ; ce langage, cette phraséologie nouvelle, il se les approprie et les fait passer textuellement dans ses lettres, dans ses circulaires, dans les instructions d'un caractère mixte, moitié politiques moitié religieuses, qu'il répand avec une infatigable prolixité dans les provinces. « En vérité, Dieu s'est servi de notre ministère pour poursuivre l'exécution de sa volonté ; il a fait appel à notre concours pour parfaire son ouvrage. Des extrémités de l'Orient à l'Océan britannique et à ces contrées où le soleil se couche, il a dissipé et balayé l'erreur qui s'était emparée du monde, afin que le genre humain, instruit par mon ministère, fût rappelé à l'observance de ses saintes lois (1). » Empereurs et sujets croient également à cette mission sacrée. La cause du christianisme s'identifie avec celle de l'empire. Leur diffusion et leurs conquêtes doivent s'accompagner dans l'espace et dans le temps ; et comme le monde entier est promis au règne de Dieu, il est implicitement dévolu à la domination romaine. L'empire est un parce que Dieu est un ; il est universel parce que Dieu est universel.

Il ne faut donc pas considérer les formules officielles dont se pare l'autorité impériale à Byzance comme l'expression redondante et prétentieuse d'une ambition démesurée, qui deviendra ridicule, quand l'empire, ses provinces perdues, sera réduit à se défendre dans sa capitale. Elles dérivent logiquement de croyances religieuses entretenues et réchauffées par des prédications incessantes, par le langage de la chaire et celui de la place publique. Les ouvrages de théologie et les documents officiels parlent de même. La foi dans les destinées de l'empire est du même ordre que la foi religieuse. Le dogme impérial ne se discute pas plus que le dogme fixé par les canons de l'Eglise. Pour les Byzantins, leur ville est la capitale et la reine de l'univers, sans image et sans métaphore; leur prince l'autocrate du monde, κοσμικός αὐτοκράτωρ. Or cette foi est précisément de telle nature que les démentis cruels infligés aux empereurs par les événements, ne sauraient avoir de prise sur elle et ne l'entament pas ; que toutes les objections tombent devant les justifications d'une raison plus haute que la raison humaine. Qu'importent, en effet, les défaites, les invasions, la perte des provinces? Ce sont là des éclipses passagères de la gloire de l'empire, des signes par lesquels Dieu manifeste son mécontentement et sa colère à son peuple. On redouble de sévérité à l'égard des hérétiques; les églises retentissent d'appels pathétiques à la pénitence ; on compte ainsi fléchir le ressentiment divin et rétablir du même coup la fortune de l'empire. Si les revers succèdent aux revers, il n'y a pas encore là motif à désespérer. Dieu ne compte-t-il pas avec les siècles, comme l'homme avec ses jours périssables ?

Autre objection : l'empire byzantin n'était pas le seul qui se proclamât éternel et universel, ni son empereur le seul qui prît le titre de roi des rois et de dominateur des trônes. Les monarques des Perses, avec qui les Romains furent si longtemps en conflit, affectaient les mêmes prétentions et se décernaient les mêmes honneurs. Les suscriptions de leurs lettres semblent calquées sur celles qui émanent de la chancellerie de Byzance. Chosroës, dans une lettre à Justi-

(1) Eusèbe. De Vita Const., lib. II, cap. 28. Lex de christiana religione.

nien, rapportée par Ménander Protector, s'intitule : θεῖος, Ἀγαθος, εἰρηνηπάτρος, ἀρχαῖος, Χοσρόης, βασιλεύς βασιλέων, εὐτυχὴς, εὐσεβὴς; et dans une autre lettre citée par Simocatta (1), il se nomme : βασιλεύς βασιλέων, Δυναστευόντων δεσπότης, Κύριος ἐθνῶν. Dans les traités qui sont signés entre les deux empires, ils donnent aux princes de Constantinople le nom de frères, mais exigent la réciproque (2). Ils écrivent : « Nous sommes les deux yeux qui éclairent le monde (3) ». Ils mettent une insistance singulière, et sur ce point leurs sujets les imitent, à faire sonner aussi haut l'un que l'autre les appellations synonymes qu'ils se décernent. Dans une bataille livrée entre Sapor et Constans, les deux armées faisaient assaut de clameurs en l'honneur de leurs souverains respectifs, les Romains invoquant Constans « maitre des choses et du monde », les Perses répondant par les cris de : « Sapor, Saantan et Pyroses », c'est-à-dire Roi des rois et toujours victorieux (4). Mais cette fraternité n'était pas de bon aloi : les autocrates la subissaient dans la mauvaise fortune plutôt qu'ils ne l'acceptaient. Entre les deux monarques il y avait rivalité de forces et d'ambitions, mais non parité d'origine, l'un tenant ses droits de Dieu lui-même et l'autre du démon. Les rois de Perse ne se disaient-ils pas, dans leurs documents officiels, frères du Soleil et de la Lune? N'adoraient-ils pas le feu et les puissances sidérales (5)? Le prince des démons, lui aussi, n'était-il pas entré en rébellion contre son créateur et n'avait-il pas usurpé ses titres? Cette lutte, terminée dans le ciel par la défaite des anges rebelles, se rallumait renouvelée sur la terre entre les représentants des deux puissances irréconciliables (6).

Aussi toutes les guerres entreprises par Byzance sont des guerres saintes, des croisades. Ses ennemis sont les ennemis de la foi et du Christ. C'est au nom du Christ qu'on les vaincra et en déployant à leurs yeux, comme un nouveau palladium, les emblèmes de la foi. Nulle part ce caractère n'éclate avec autant d'intensité que dans la lutte contre les Perses, les plus sérieux des adversaires que l'empire eut à combattre avant les Musulmans. Le principal héros de ce grand duel fut l'empereur Héraclius, qui ruina l'empire de Chosroès aussi complètement qu'Alexandre celui de Darius. Ses exploits, qui retentirent jusqu'au fond de l'occident, auraient mérité mieux que l'obscure et plate épopée de Géorges Pisidès. Voici dans quels termes il exhortait ses troupes au combat : « Mes amis et mes frères, les ennemis de Dieu ont foulé aux pieds nos provinces, ruiné nos villes, rougi de sang l'autel où se consomment des sacrifices non sanglants. Ils ont souillé de leurs sacrilèges débauches les églises qui ont horreur du sacrilège. Ayons donc le cœur plein de l'amour de Dieu et efforçons-nous de venger son injure. Soyons forts contre des ennemis qui

---

(1) Theoph. Simocatta. Lib. IV, cap. 8.

(2) Chronic. Paschale ad ann. 522 et ad ann. 628.

(3) Theoph. Simocatta. Excerpt. de Legat. II, 185.

(4) Amm. Marcellin. Lib. XIX, cap. 2.

(5) Amm. Marcel. Lib. XVII, cap. 5. « Rex regum Sapor, particeps siderum, frater Solis et Lunæ, Constantio Cæsari, fratri meo, salutem, » et Lib. XX, cap. 6.

(6) Eusèbe. De Laudib. Const. Cap. 2 et cap. 16. Voy. aussi l'épopée de Georges Pisidès.

maltraitent les chrétiens. Vénérons l'empire romain qui est le propre domaine
de Dieu et non d'autres. Que la foi soit notre cuirasse ; protégés par elle, nous
pouvons braver la mort. Vengeons les outrages des vierges, les massacres de
nos compagnons d'armes ; pleurons-les, mais sachons que leur mort a pour
récompense la vie éternelle. » Toutes ces harangues militaires sont de même
allure et exaltent les mêmes sentiments de piété. Dans sa Tactique, Constantin
Porphyrogénète prescrit, comme une obligation militaire, la prière du matin
et du soir. Les chants de guerre sont des cantiques, le chant de Moïse quand
les Hébreux ont traversé la mer Rouge, ou les psaumes de David (1). Le
triomphe est comme autrefois une cérémonie religieuse. Il s'annonce par un
service d'actions de grâce à sainte Sophie et par une procession. Mais les chars
qui défilent au milieu d'un peuple prosterné, au lieu de porter les statues des
dieux, promènent le labarum, la croix et l'image de la Vierge, de celle qu'on
appelle τὴν συστράτηγον. Parfois on introduit une variante ; l'empereur suit le
char à pieds, portant la croix sur son épaule. C'est pourquoi, en signe de
l'union de l'empire et du christianisme, et de l'alliance conclue entre Dieu et
son peuple, l'empereur, sur ses monnaies et dans ses statues, est figuré tenant
en ses mains le globe surmonté de la croix (2). C'est avec cet attribut que
Justinien fait dresser son effigie équestre sur l'Augustéon. Il tient le globe, dit
Procope, pour marquer la souveraineté qu'il exerce sur la terre et sur la mer,
et la croix est l'emblème par lequel il s'assure la victoire (3).

Toute la politique extérieure des Césars byzantins découle de ce principe,
en est une conséquence nécessaire. La terre entière appartient de droit divin à
l'empereur, et non-seulement les contrées connues, explorées, qui sont mo-
mentanément en puissance de maîtres illégitimes et que tôt ou tard Dieu fera
rentrer dans le giron de l'empire, mais même les contrées inconnues et à dé-
couvrir, cataloguées sous le nom d'hyperboréennes dans les traités géogra-
phiques des Byzantins. L'empereur possède sur elles un droit primordial de
préemption, analogue à celui que les Portugais et les Espagnols obtinrent du
pape Alexandre VI sur les régions où aborderaient leurs navigateurs à l'orient
et à l'occident de l'Europe. Le moine de Saint-Gall rapporte qu'un ambassadeur de Charlemagne, s'entretenant avec l'empereur de Byzance, lui énumé-
rait les longues guerres de son maître contre les Saxons. « Pourquoi, lui répondit-il, ton maître travaille-t-il tant à combattre ces ennemis sans nom et
sans vertu ? Je te les donne, prends-les pour toi, ainsi que tout le pays qui
leur appartient. » A quoi Charlemagne répliquait plaisamment à son ambassadeur : « L'empereur eût mieux fait de te donner une paire de chausses
neuves ; tu en aurais trouvé l'emploi en un si long voyage (4). »

Quant aux provinces émancipées de la tutelle impériale, à celles qui jadis
avaient fait partie de l'empire et s'étaient par la suite constituées sous des

(1) De Cerimoniis. Lib. II, cap. 19.
(2). Du Cange. *De Imp. Constant. numismatibus.*
(3) Procope, De Ædificiis. Lib. I, cap. 2. V. aussi : Eusèbe, De Laudib. Constant. Lib. IX :
« σωτήριον τουτὶ σημεῖον τῆς Ρωμαίων ἀρχῆς, καὶ τῆς καθόλου βασιλείας φυλακτήριον
κηρύττων εἰδέναι. »
(4) Monach. San-Gall. Lib. II, cap. 6.

gouvernements indépendants, l'empereur n'admettait pas que leur aliénation fût jamais ni complète ni définitive. Leurs princes et leurs rois étaient censés ne tenir leur pouvoir que d'une investiture, d'une délégation impériale. Ils restaient rattachés à la cour byzantine par un lien de vassalité tout théorique, justifié par les titres auliques que la chancellerie leur décernait et qui suffisait à donner satisfaction au droit de propriété et de prééminence réclamé par l'empereur. Nous verrons, en ce qui concerne la Gaule, ce que durèrent, ce que valurent ces prétentions, comment les princes francs envisagèrent leurs devoirs de subordination à l'égard de Byzance. Rappelons pourtant qu'après avoir obtenu des Ostrogoths la cession de Marseille et de la Provence, ils ne crurent pas que leur possession serait légitime, tant qu'elle n'aurait pas été ratifiée par les lettres patentes de l'empereur, considéré par eux comme propriétaire antérieur de cette partie de l'ancienne préfecture des Gaules (1).

Rien de plus instructif, en la matière qui nous occupe, que le récit si vif et si animé de l'ambassade de Luitprand, envoyé par Othon à l'empereur Nicéphore-Phocas. Luitprand devait demander pour le fils de son maître la main de la princesse Théophanie. Nicéphore, irrité des conquêtes d'Othon, reçut très-mal son représentant. « Les légats de ton maître, s'écria-t-il, nous ont promis sous serment, et les lettres de ton souverain nous ont juré, qu'il ne voudrait plus être un sujet de scandale pour notre empire. Or vois-tu scandale plus grand que de prendre le nom d'empereur? De plus il usurpe les thèmes de notre empire. Nous ne pouvons souffrir plus longtemps ce double attentat. » C'est en vain que Luitprand lui réplique avec quelque irrévérence : « Elle sommeillait donc, votre puissance, ou plutôt celle de vos prédécesseurs, eux qui s'intitulent empereurs des Romains et le sont de nom seulement et non pas de fait. S'ils étaient véritablement les empereurs des Romains, pourquoi ont-ils laissé Rome tomber au pouvoir d'une courtisane ? » On comprend l'indignation que soulèvent des répliques aussi vives au milieu de la cour formaliste de Byzance. Voici donc l'ultimatum que Luitprand fut chargé de rapporter à Othon : « Jamais une Porphyrogénète, fille d'un Porphyrogénète, n'a mêlé son sang à celui d'un barbare. Toutefois, comme vos intentions sont bonnes, faites les concessions que vous devez, vous recevrez de nous celles qui sont compatibles avec notre dignité. Si vous voulez notre alliance, rendeznous Rome et Ravenne avec le pays qui s'étend de ces villes jusqu'à nos frontières. Si vous voulez notre amitié sans notre alliance, que ton maître rende à Rome sa liberté, et qu'il fasse rentrer dans leur servitude première les princes de Capoue et de Bénévent, jadis les esclaves de notre saint empire et maintenant des rebelles (2). »

Encore au xiie siècle, au temps de l'empereur Conrad, quand, par le mouvement des croisades, l'Orient et l'Occident se rapprochent, et que tout un monde inconnu se révèle aux Byzantins, ordonné d'après certaines règles empruntées à l'héritage commun de Rome, et qui ne leur en semble que la pa-

______

(1) Zonaras. Lib. XV, cap. 4.
(2) Muratori Script. ital. Tom. II, p. 481 et 483.

rodie sacrilège, un écrivain grec s'indigne, entre autres choses, que le souverain germain ait décerné au duc des Tchèques le titre de roi, cette prérogative de faire des rois appartenant exclusivement à son maître. « Tout est menteur dans cet acte, écrit-il, et celui qui a reçu le titre royal et celui qui l'a donné, » et il ajoute : « Comment se peut-il faire que des hommes qui n'ont rien de la sublimité impériale osent conférer des dignités qui sont comme une émanation de la majesté impériale (1) ? »

Le droit, en effet, n'a pas changé de Constantin à Manuel et à Jean Comnène ; le principe n'a subi aucune altération, aucune diminution. C'est en vain que les faits infligent le plus humiliant démenti à ces prétentions superbes et restreignent tous les jours le domaine où s'exerce la puissance réelle du César de Byzance. Avec une foi tenace et qu'aucune déception n'atteint, historiens, panégyristes, diplomates s'attachent à ce dogme impérial de l'unité et de l'universalité de l'empire. Ils s'y attachent d'autant plus que l'importance matérielle de l'empire diminue, comme à une espérance suprême fondée sur les promesses divines. Le présent étant pour eux plein de tristesse, leur pensée se réfugie dans l'avenir. Un poète officiel du xii° siècle, Théodore Prodromos, est aussi fécond qu'Eusèbe en appellations pompeuses à l'adresse de Jean Comnène, en espérances infinies dans le rétablissement intégral de l'empire : « Tu porteras tes armes, s'écrie-t-il, jusqu'aux colonnes d'Hercule ; tu soumettras et Gadès et Thulé et même les cataractes du Nil ; tu t'avanceras jusqu'à la zone torride ; tu navigueras autour de la mer Morte qui enveloppe la terre ; après quoi tu reviendras victorieux au milieu des tiens (2). » Il appelle encore l'empereur l'autocrate de la terre, le maître commun du Levant et du Couchant (3). Le plus curieux morceau est l'épithalame adressé à Manuel Comnène, à l'occasion de son mariage avec la sœur de Conrad, la princesse Irène. Cette union est pour le poète byzantin le symbole, non pas de la réconciliation de Rome et de Byzance, comme on devrait s'y attendre, mais de la subordination de Rome à sa rivale. « Salut, nouvelle Rome ; réjouis-toi de ce mariage qui te proclame la capitale de la vieille Rome. Celle-ci est l'épouse, toi le fiancé. Or, nous savons tous que l'homme dans le mariage a le pas sur la femme et que c'est lui qui est la tête. Il en est de même de toi. » Ne croirait-on pas entendre, à cette heure de déclin, un contemporain de Constantin et de Justinien ?

Ces idées sur le gouvernement du monde ne demeurèrent pas la propriété et le privilège exclusif de Byzance. Comme elles ont leurs racines dans le fonds religieux commun aux nations modernes et dans le droit impérial dont furent nourris les peuples issus de Rome, nous les retrouvons partout au moyen-âge et jusqu'à des temps plus rapprochés de nous. Elles ont hanté l'esprit de Charlemagne, qui essaya de détourner à son profit l'héritage de Constantin et de Théodose, celui des fondateurs du saint empire germanique et en général de tous les fondateurs d'empires. Dante, qui assistait à la ruine des deux

(1) Cinnamus, Hist. Lib. V, cap. 7.

(2) Theod. Prodromos. Scripta miscell. n° 2. V. aussi le n° 5.

(3) ὁ κοινὸς ἄναξ τῆς δύσεως καὶ τῆς ἕω. (Epitaphe en l'honneur de Jean Comnène.)

grandes puissances de l'Occident, l'empire et la papauté, si longtemps aux prises et tombés presqu'en même temps, frappé de l'anarchie et du chaos dans lequel se débattait la société, retrouvait, dans son *De Monarchiâ*, la pure doctrine qui avait si longtemps soutenu le vieil empire d'Orient. « La société, écrivait-il, repose sur le droit, qui a sa valeur propre, indépendante et qui est divin, parce que la justice est un attribut de Dieu. L'empereur représente l'unité du genre humain, la justice et le droit universels. Il doit être le maître absolu du monde entier, afin que, n'ayant plus rien à désirer, il ne lui reste aucune raison, aucune tentation d'être injuste. » Les néo-platoniciens de la Renaissance, qui dissertent à la cour des Médicis sur le meilleur gouvernement, n'ont eux aussi d'autre idéal que la monarchie universelle. Marsile Ficin déclare : « Comme il est au monde un Dieu unique, un seul soleil dans le système planétaire, une seule tête dans l'organisme humain, ainsi la société a besoin d'unité et trouve l'État parfait dans le parfait monarque, image de Dieu. » C'est vers cet idéal qu'ont tendu de toutes leurs forces et avec une foi sans défaillance les empereurs de Byzance. Sans doute ils ont échoué dans leur tentative de réaliser sur terre l'empire de Dieu ; ils n'ont même pas réussi à contenir dans les mêmes limites le christianisme et l'empire ; leur rêve de domination universelle s'est terminé brusquement interrompu par une lamentable catastrophe. Mais qui peut dire ce que le sentiment de cette supériorité morale, la conscience de l'élection divine, ont pu donner aux Byzantins de force et d'enthousiasme ? Dans les plus extrêmes dangers, ils ont déployé des vertus dignes des plus beaux temps de la République. Ne fallait-il pas en même temps qu'eux sauvegarder les promesses de l'avenir ? Les nations comme les individus vivent de l'idéal qu'elles portent en elles, et qui, mieux que les ressources matérielles dont elles disposent, leur permet de durer.

DEUXIÈME PARTIE

—

CHAPITRE I.

LE MONDE BARBARE.

En regard de l'Empire romain, centre unique de vie politique, seul État
policé et organisé, seul en possession d'institutions administratives et militaires stables; de plus, clos de toutes parts et sur tout son pourtour par une
ligne continue de fleuves, de montagnes, par des murailles et des postes fortifiés, partout où les obstacles naturels font défaut, s'agite et se presse le
monde des barbares, en travail de formation politique, masse tumultueuse
à l'aspect sans cesse mobile et changeant. A chaque siècle se modifie la distri-
bution, l'habitat, la composition, le nom même des peuples que les Romains
désignent sous l'appellation commune de barbares. Le monde de Tacite n'est
plus celui que nous dépeint Ammien Marcellin; de celui-ci il reste peu de
chose à l'époque de Justinien; la géographie du vi° siècle ne fournit que peu
d'éléments à celle que nous ont transmise les traités de Constantin Porphyrogénète. Dans l'intervalle, des peuples qui ont joué les premiers rôles dans les
conflits engagés contre l'Empire ont complètement disparu, détruits par la
guerre, absorbés dans d'autres nationalités : tels sont les Huns; d'autres ont
passé du nord à l'ouest et au midi, ou se sont divisés en plusieurs tronçons,
désormais sans rapports entre eux : tels, parmi beaucoup d'autres, les Vandales
et les Longobards. D'autres enfin sont entrés dans l'unité romaine et sont devenus, selon l'expression consacrée, des membres de la République; parmi
ceux-là, quelques-uns se sont fondus avec les anciens habitants fixés au sol;
d'autres ont formé des nationalités distinctes sous la tutelle de l'Empire et à
l'abri des institutions laissées par lui dans les provinces aliénées de son domaine direct : tels sont les Francs, les Visigoths et les Ostrogoths. Au milieu de
ces éléments sans homogénéité et sans consistance, qui s'agrègent et se désa-
grègent sans cesse, s'absorbent ou se transforment dans les amalgames les plus
divers, l'État romain apparaît comme le seul point fixe, comme un noyau
solide enveloppé d'une sorte de matière cosmique, qu'il entraîne dans son
mouvement et qui gravite autour de lui.

Comment Byzance va-t-elle se comporter à l'égard de ce monde barbare?
Quelle action exercera-t-elle sur lui? Par contre, quelle réaction subira-t-elle?
Elle qui est l'aînée de la vieille Europe, la dépositaire de tant de civilisations
qu'elle a vaincues et dont elle a hérité, inaugurera-t-elle, dans ses rapports
avec ces nouveaux venus, ces mineurs, une politique nouvelle? Quels droits
et quels devoirs se reconnaîtra-t-elle vis-à-vis d'eux? Dans quelle mesure cette
politique différera-t-elle de la politique traditionnelle de Rome? Ce sont autant
de questions difficiles que complique la variété même des éléments qui con-
courent au problème, et que la présente étude essaiera de résoudre.

Ce qui frappe le plus dans le spectacle de la grandeur de Rome et des monuments de tous genres qu'elle en a laissés, c'est l'unité et la continuité de sa politique. Sous la république, le pouvoir se divise entre un grand nombre de magistrats annuels; un corps dirigeant, le sénat, reste le gardien fidèle de la tradition. Cette tradition se maintient sous l'empire, grâce encore au sénat et malgré la diminution de ses prérogatives, grâce à la force des institutions éprouvées par l'expérience, grâce à la concentration des pouvoirs publics dans la personne d'un magistrat suprême. C'est par sa politique autant que par ses armes que Rome a vaincu l'univers. A la suite de luttes opiniâtres, elle a fait de l'Italie le prolongement et comme la banlieue de la capitale. Elle s'attacha l'aristocratie des villes ses rivales; elle sut les affaiblir en appuyant tour à tour les partis les uns contre les autres; elle opposa des peuples aux peuples, fit désirer son alliance et craindre son hostilité; la victoire acquise, elle sut communiquer aux vaincus ses institutions et leur graduer ses bienfaits. Peu à peu elle s'assimila complètement ces vaincus, ouvrit l'accès de son sénat aux premières de leurs familles, fit de tous ces peuples divers des Romains. Cette politique qui lui valut tant de succès en Italie, puis en Grèce, elle l'appliqua aux barbares, dès qu'elle fut en contact avec eux. Cette fois, elle n'avait pas affaire à des populations de même race, de même civilisation, de même dignité qu'elle-même; mais à des populations inférieures, sinon par l'origine, du moins par le degré de civilisation acquise. Elle agit cependant à leur égard d'après les mêmes principes et par les mêmes procédés. On sait dans quelles conditions s'opéra la conquête de la Gaule : le diplomate dans César fut à la hauteur du chef d'armée. Il ne fit que généraliser les moyens qui avaient servi, plusieurs siècles auparavant, contre les Veïens, les Volsques, les peuples de l'Etrurie et de la Campanie. Dès l'époque républicaine et encore sous le principat d'Auguste, l'empire comptait au nombre de ses clients plusieurs royaumes, généralement répartis aux extrêmes limites de ses possessions d'Orient. Il lui convenait de conserver aux peuples des dynasties locales auxquelles ils avaient accoutumé d'obéir. Un légat auprès d'eux représentait Rome et les contenait dans le devoir; aux mineurs le sénat nommait, comme un bon patron, des tuteurs qui les entretenaient dans l'amour du peuple romain. Leurs enfants, ceux des principales familles, étaient élevés à Rome, près du prince, recevaient l'éducation des jeunes patriciens, prenaient le goût des arts et de la civilisation romaine. Le prince recueillait de cette mesure un double avantage : il tenait en eux des otages qui lui garantissaient la fidélité des parents; il préparait de futurs agents de la politique impériale, intéressés à ses succès et à la stabilité de l'empire. C'était comme une pépinière de jeunes gens de race royale, parmi lesquels l'empereur choisissait de sa main ceux qu'il destinait à porter un jour la couronne. Il expédiait ainsi leurs rois aux Arméniens, aux Parthes, aux peuples du Pont et de la Comagène (1).

Sa conduite différait peu, à l'égard des véritables barbares, de ceux qui vivaient au delà du Rhin et du Danube, sous le régime de la tribu ou groupés

---

(1) Suétone, Auguste, cap. 48. *Id.* Caligula, cap. 14. Petrus. Patricius : De Legat., cap. 1. Spartien. Hadrien, cap. 20.

en nations sous l'autorité de chefs héréditaires. Ceux-là, décimés par des guerres perpétuelles, victimes de famines et d'exterminations périodiques, sans cesse inquiets du lendemain, ne demandaient qu'à entrer dans l'unité romaine. Il fallait contenir leur empressement, mettre des bornes à leur émulation de servitude. La plupart des combats qui se livraient aux avant-postes avaient moins pour objet la défense de leur indépendance que la répression de leurs tentatives pour pénétrer de gré ou de force dans l'empire. La paix profonde dont jouissaient les sujets de l'empereur, la sécurité de l'existence au delà des frontières, la richesse des villes et la fertilité des campagnes bien cultivées, exerçaient sur eux un prestige extraordinaire. Il y entrait de l'envie et de la convoitise, mais aussi le désir impatient d'être associés à ces avantages très-positifs. Du reste, la civilisation venait au-devant d'eux ; elle s'insinuait sous mille formes sous leurs tentes de peaux ou dans leurs chariots de voyage ; elle suscitait en eux des besoins nouveaux qui, passés en habitudes, demandaient à être satisfaits (1). Rome, d'abord, leur mesura parcimonieusement ses faveurs, pour leur en faire mieux sentir le prix. Elle pensionna ceux de leurs chefs qui lui étaient le plus dévoués et dont le concours lui était le plus utile (2). Comme la faim était leur principal ennemi, la cause la plus habituelle de leurs prises d'armes et de leurs rapines, les commandants des avant-postes leur envoyaient, dans les années stériles, des approvisionnements de blés et de bestiaux (3). Les enfants des familles princières étaient envoyés à Rome sous le nom d'otages ou à titre d'hôtes ; élevés avec soin, parfois promus à la dignité de citoyens ou même de chevaliers, ils revenaient chez eux transformés par ce séjour, hantés par la nostalgie des beautés et des agréments de la ville impériale. Les nations modernes, qui attirent chez elles, dans les mêmes intentions politiques, les chefs de tribus africaines ou océaniennes, ont souvent le regret de voir leurs élèves retourner invinciblement à l'état et la condition de leurs compatriotes, repris par la contagion du milieu et la force des habitudes ancestrales. Le péril était moindre dans le temps qui nous occupe. Nos ancêtres étaient des barbares, mais non des sauvages. Leurs facultés intellectuelles et morales les plaçaient de niveau avec les peuples de race italiote ou hellénique. Sans doute il y avait quelque danger à fournir ainsi aux barbares des chefs instruits à l'école des arts et de la tactique romaine. Mais, pour un Arminius ou un Mérobaudes, combien de Ségestes ! Parmi les rois alamans que Julien fit prisonniers sur les bords du Rhin, plusieurs avaient vécu à Rome ; l'un d'eux s'était fait initier aux mystères d'Éleusis et avait donné à son fils le nom de Sérapion (4). Tout pesé, les avantages compensaient largement les inconvénients de ces adoptions intéressées. L'esprit de révolte contre le joug de Rome n'était qu'une exception. Les chefs étaient heureux de livrer leurs

(1) Commerciis vetitis ultimâ necessariorum inopiâ barbari stringebantur. Amm. Marcel., lib. XXVII, cap. 5.

(2) Spartien. Hadrien, cap. 6 : « Cum rege Roxolanorum qui de imminutis stipendiis querebatur... »

(3) « Dicebat enim suæ gentis multitudinem rerum necessariarum inopiâ ad bellum se convertisse. » Priscus Rhetor ex hist. Gothicâ, cap. 9.

(4) Am. Marcel., lib. XVI, cap. 12.

enfants à leurs vainqueurs, de savoir qu'ils seraient admis à contempler Rome et César. Beaucoup pensaient comme ce roi qui disait à Julien, en parlant de son fils : « Sa servitude est pour lui un bonheur qui vaut mieux que ma royauté (1). »

Dès le second siècle de notre ère et surtout à partir du troisième, les empereurs commencèrent à se départir des sages tempéraments conseillés par la prudence à leurs devanciers. Les barbares commencèrent à affluer dans l'empire. Après des campagnes heureuses, les Césars les amenaient par milliers et les faisaient vendre sur les marchés de l'empire. Les propriétaires, les agriculteurs se disputaient ces travailleurs robustes et peu exigeants. L'offre restait toujours au-dessous de la demande. D'autres, attirés par le haut prix des salaires, accouraient dans les villes et s'occupaient des petits métiers. Les Burgondes passaient pour les meilleurs maçons de l'empire. Un grand nombre pénétrait dans les armées ; ils y entraient de deux façons : soit à titre d'auxiliaires ; en vertu des traités, leur nation était tenue de fournir un certain contingent, ceux-là servaient à part ; soit à titre de réguliers, ceux-là étaient catalogués dans les cadres des légions (2). Les premiers, la campagne terminée et le service pour lequel ils étaient en réquisition accompli, pouvaient rentrer dans leurs foyers ; les autres s'absorbaient pour ainsi dire dans la légion ; ils finissaient par y perdre leur nationalité. Leur congé reçu, ils participaient aux avantages dont Rome payait les longs et durs services de ses vétérans. La pente était glissante, les empereurs ne surent s'y retenir. L'armée élargit sans cesse ses cadres pour y faire entrer l'élément barbare. A l'époque de Constantin, c'est-à-dire au commencement de la période byzantine, les barbares servaient déjà en corps de nations, avec leurs armes, leur équipement et leurs chefs, sous le nom de *fœderati* (3). Destinés à soutenir et à flanquer l'armée véritable, recrutée elle-même en grande partie de barbares, ils finirent par la dépasser par le nombre et par lui faire un dangereux contrepoids. Cette armée, ce n'est pas Byzance qui l'a créée ; elle l'a reçue de Rome ; elle l'a quelque peu modifiée par la suite, mais dans un sens plutôt favorable à la dignité et à la sécurité de l'empire. Jamais les Byzantins n'ont souffert pour empereur un barbare comme le fut le Goth Maximin.

Le pas décisif, celui qui devait précipiter la crise et déchaîner sur l'empire les plus effroyables tempêtes, fut franchi sous l'empereur Valens. Deux cent mille Visigoths, fuyant affolés devant l'invasion des Huns, avec leurs femmes, leurs enfants, leurs richesses ; se présentèrent en suppliants aux bords du Danube, implorant contre leurs ennemis un asile inviolable dans l'empire, promettant pour le reste de se remettre entièrement à la volonté de l'empereur. Qui croirait que la nouvelle de cet exode suscita à Byzance une joie insensée et générale ? Aux uns, cette affluence de barbares promettait pour leurs mai-

(1) Eunapii Sardiani, Excerpta de Legat. : « δουλείαν ηυτύχει τῆς ἐμῆς βασιλείας εὐδαιμονεστέραν. »

(2) Voir le traité passé par Aurélien avec les Vandales. Ad ann. 271 (Dexippus Excerpta de Legat., cap. 12).

(3) En grec on leur conserve le nom de φοιδεράτοι. V. Malchus. Excerpta de Legat., II, 94. Jornandes. Hist. Gothor. Cap. 16, 21, 28.

sons et leurs terres des serviteurs à bon marché ; les autres se préparaient à
trafiquer des femmes et des enfants, cédés par les nouveaux venus pour quelques mesures de blé ; l'empereur et ses conseillers virent surtout en eux des
soldats. On félicitait le prince du bonheur inespéré dont le comblait la fortune.
Ces recrues innombrables allaient rendre ses armées invincibles ; ces étrangers
seraient un rempart inexpugnable contre les entreprises des autres barbares.
Valens n'aurait plus de rivaux et de compétiteurs à craindre dans l'empire (1).
La catastrophe qui suivit de si coupables illusions, la révolte des Goths et la
mort de Valens ne furent pas la pire des conséquences de cette fatale impru-
dence. L'armée s'en trouva pour longtemps désorganisée et énervée : l'empereur, ayant sous la main toute facilité pour en garnir les cadres de barbares,
négligea de retenir sous les drapeaux les vétérans qui en faisaient la vigueur
mais coûtaient cher ; il diminua le contingent annuel que les propriétaires
provinciaux étaient tenus de fournir et fixa la prime d'exemption à quatre-
vingts écus d'or. Théodose pensait tirer de là double profit ; en réalité, il ouvrit la brèche à des abus qui devaient bien des fois compromettre le salut de
l'empire (2).

Enfin avec ces Visigoths qui n'étaient plus une armée, mais une nation en
marche, pénétra dans l'empire comme un corps étranger, que celui-ci n'eut
la force ni d'éliminer, ni de s'assimiler complètement. Il avait englobé dans
son unité et fait siens avec le temps bien des peuples, sans que sa constitution en fût atteinte. Mais cette fois l'effort était trop grand et trop subit pour
un organisme débilité. Ces barbares vécurent donc, à peu près nomades,
comme avant leur admission dans l'empire, en Mésie, en Epire, en Illyrie,
en Italie, ruineux pour les provinces où ils s'imposaient, risquant dans les
accès de leur humeur batailleuse, de briser la fragilité des trônes d'Orient et
d'Occident, jusqu'au jour où, amollis par un contact prolongé avec des popu-
lions d'une civilisation raffinée, disciplinée par l'habileté d'une femme, ils
finirent par s'établir à poste fixe en Espagne. Mais après eux vinrent d'autres
nations barbares qui prirent le même chemin, profitèrent des mêmes faiblesses, et par des traités en règle obtinrent de gré ou de force d'élire domicile dans les anciennes provinces de l'empire. Ainsi furent occupées les
Gaules, le Norique, les deux Pannonies, l'Illyrie, la Dacie, la Mésie, une
partie de la Thrace et de la Macédoine, l'Afrique et jusqu'à l'Italie, d'abord
par les Ostrogoths, puis par les Lombards et les Francs. Partout les barbares
se superposèrent aux vieilles populations, se faisant leur part aux dépens des
propriétés publiques et privées, rançonnant et pillant ceux qu'ils s'étaient
chargés de défendre, substituant leurs dynasties de rois aux administra-
tions locales, éteignant maints foyers de civilisation brillante, qui ne se ral-
lumèrent jamais. Sans doute sur ces peuples et ces provinces, l'empire gardait
ses droits de premier propriétaire ; il pouvait en faire foi, montrer dans ses
archives les chartes de concession qui témoignaient à quelles conditions il les

(1) Voir, sur cet évènement capital : Jornandes. Hist. Goth., cap. 25-28 ; Eunapius Sardianus.
Excerpta de Legat. II, 6 et 7, et II, 19, 20 ; Ammien Marcel., lib. XXXI, 4 ; Socrate. Hist.
Eccles., lib. IV, cap. 34.
(2) Amm. Marcel., lib. XXXI, 4 ; Socrate. Hist. Eccles., lib. IV, cap. 34.

avait aliénés. Mais, dans la plupart des cas, l'occupation valut titre. Les barbares s'installèrent dans la maison d'autrui et refusèrent de payer le loyer promis. Il eût fallu la force pour appuyer des revendications fondées, en droit, et le plus souvent la force fit défaut aux maîtres légitimes. Sous des Césars énergiques et bien servis par les circonstances, sous Justinien, sous Maurice, sous Basile, il fut possible de reprendre quelques-unes des provinces perdues, de les faire rentrer dans le giron de l'empire, et pour le reste de rendre leur lustre et leur valeur à des conventions tombées dans l'oubli. Mais ces réveils furent intermittents, les efforts méritoires de quelques-uns des Césars byzantins, mal soutenus et peu suivis, les exigences de la défense des frontières trop multiples, pour qu'il fût possible de tenir tête contre tant d'ennemis à la fois, pour punir toutes les défaillances et réprimer toutes les rébellions.

Ce n'est pas que l'armée fût pire que pendant les derniers siècles de Rome. Un fragment d'Olympiodore nous en indique la composition aux temps d'Honorius et d'Arcadius. Elle comptait des fédérés, sous la conduite de leurs chefs barbares, masse confuse et mal disciplinée, et des réguliers ou *bucullaires*, qui n'étaient autres que les anciennes légions, recrutés de nationaux et de volontaires barbares (1). Ces deux grandes divisions subsistèrent tant que dura l'empire. A côté des *numeri* ou légions recrutés de soldats, rompus aux exercices de la tactique savante, et qui faisaient leur profession du métier des armes, quelle que fût d'ailleurs leur origine, continuèrent à figurer des auxiliaires liés pour un temps et par des traités particuliers à la fortune d'un général ou au sort d'une campagne. Lorsque Constance voulut désorganiser l'armée de Julien, il lui manda de détacher de ses troupes et de lui envoyer les auxiliaires Hérules, Bataves et Celtes, ainsi que trois cents soldats choisis dans chaque légion. Mais les auxiliaires refusèrent d'obéir, sous prétexte que leurs conventions portaient qu'ils ne serviraient pas au delà des Alpes. Julien appuya leurs réclamations et fit valoir auprès de l'empereur que s'il ne respectait pas les traités, le recrutement outre-Rhin deviendrait impossible (2). Quand une nation barbare avait été vaincue et reçue à composition, le général commençait par se faire livrer des otages qu'il envoyait en lieu sûr, généralement à Byzance et dans quelques-unes des grandes villes de l'empire ; puis il prélevait sur la jeunesse valide un contingent de choix qu'il incorporait aux légions (3). Quelques-uns de ces soldats d'occasion et d'aven-

(1) Olympiodore, Biblioth. Photii, n° 80. Bucullarii vocabulum tributum militibus, non Romanis solum, sed et Gothis quibusdam. Eodem modo et fœderatorum nomen attributum inconditæ et in diversis conflatæ multitudinis.

(2) Amm. Marc., lib. XX, cap. 4. Decentium et notarium misit auxiliares milites exiude protinus abstractorum Herulos et Batavos cumque Petulantibus Celtas, et lectos ex numeris aliis trecentenos...
qui relictis laribus Transrhenanis, sub hoc venerant pacto ne ducerentur ad partes unquam transalpinas.

(3) Amm. Marcel., lib. XXXI, cap. 10. Il est question des Lentiens vaincus par l'empereur Gratien, « juventute validâ nostris tirociniis permiscendâ ». V. Zosime, lib. II, trad. : « Cæsar his rebus constitutis, et Salios et Quadorum partem et quosdam incolentes insulam Batavianam legionibus adscripsit quorum ordines, nostro quoque tempore, superstites esse videntur. »

ture, abandonnant tout esprit de retour, dédaigneux de leurs forêts et de leurs huttes natales, s'attachaient de cœur à leur nouvelle patrie, et se poussaient aux plus hautes dignités de l'armée et du palais. Byzance comme Rome dut souvent son salut à un Romain d'adoption. A la masse inconsistante et tumultueuse des fédérés, les empereurs préférèrent de plus en plus les cadres plus solides de l'ancienne légion ainsi modifiée. Elle offrait l'avantage de laisser le commandement à des officiers éprouvés et dévoués à leur drapeau ; on pouvait de plus y introduire des barbares de toute origine et de toutes langues, sans craindre des défections combinées et l'action exercée par des chefs barbares sur des soldats qui étaient en même temps leurs sujets (1). Outre ces troupes régulières, les armées byzantines comptaient encore des corps spéciaux, désignés sous les noms les plus divers, suivant leur armement : scutaires, comtes-archers, cataphractes (2). Quelques-uns étaient entièrement composés de barbares, mais choisis avec soin, et de longue main exercés aux manœuvres et aux évolutions recommandées par les traités de tactique. Les historiens nous ont transmis la composition de quelques-unes des armées romaines dont ils racontent les travaux. Narsès conquit l'Italie sur Totila et Teias avec des troupes de choix où se coudoyaient des Hérules, des Huns, des Maures, des Perses et des Gépides. Il menait en outre avec lui des auxiliaires Lombards, commandés par leur roi Audouin ; mais il dut s'en défaire et les renvoyer dans leurs cantonnements, à cause de leur indiscipline et de leurs instincts effrénés de rapine (3). L'armée que l'empereur romain Lecapène envoya en Lombardie, vers 935, comptait des Russes, des Chazares, des Arabes, des Panormitains, des Turcs, des Arméniens (4). Celle qui eut pour mission à la même époque de reprendre la Crète sur les Musulmans était recrutée pour une grande part de Russes, de Tulmatzes et de Slaves d'Opsicium (5).

Quant aux nations barbares, on ne les employait guère que pour appuyer les mouvements des armées régulières ; elles servaient surtout à contenir et à refouler le flot sans cesse renouvelé de l'invasion. Les empereurs opposaient barbares à barbares. C'était du reste la besogne qu'ils acceptaient le plus volontiers. Ceux qui ont imaginé, pour dramatiser le conflit de l'empire contre la barbarie, une conjuration de l'esprit d'indépendance contre l'esprit d'oppression ; ceux qui ont supposé dans ces peuples accourus à la curée de l'empire la haine du nom romain et le ressentiment d'anciennes injures subies par des compatriotes et des frères d'armes, ceux-là ont complètement méconnu les instincts beaucoup plus primitifs des bandes pillardes qu'atti-

---

(1) Pour le peu de solidité de ces troupes auxquelles on était quelquefois obligé de recourir, voir Zosime, lib. III, la composition de l'armée de l'usurpateur Procope ; Cedrenus, Hist. Comp., II, 772, 773 ; les mésaventures de Justinien Rhinotmète.

(2) Amm. Marcel., lib. XVIII, cap. 9. « Aderant comitum quoque Sagittariorum pars major, equestres videlicet ac Romæ ita cognominata, ubi merent omnes ingenui barbari, armorum virium ejus firmitudine inter alios eminentes. »

(3) Procope. De Bell. Goth., lib. IV, cap. 26.

(4) Const. Porphyr. De Cerim., lib. II, cap. 45.

(5) Id., cap. 46.

rait la richesse de l'empire. Ce que les barbares haïssaient le plus cordiale-
ment, c'étaient les autres barbares, et parmi ceux-là ceux qui leur étaient
apparentés de plus près par le sang, la langue, les usages. Il voyaient en
eux des rivaux, des co-partageants du butin promis. Si le spectacle le plus
doux au cœur d'un Romain, ce Romain fût-il Tacite, c'était de voir aux
prises deux tribus barbares luttant entre elles jusqu'à l'extermination, leurs
ennemis leur donnèrent souvent cette satisfaction chère à leur patriotisme. A
peine les Ostrogoths ont-ils signé avec l'empereur Marcien le traité qui les
admet comme fédérés de l'empire, que par ostentation et « pour montrer
leur vertu », ils se mettent à guerroyer impitoyablement tous les peuples qui
les entourent (1). Ils s'acharnent contre la confédération des tribus hunniques, en pleine dissolution depuis la mort d'Attila. Ils chassent les Satages
qui occupaient la Pannonie intérieure, battent le fils d'Attila, Dinzio, qui
avait groupé autour de lui les Ulzingures, les Angiscires, les Bittieges, re-
poussent dans ses forêts le roi des Suèves, Hunimond, exterminent presque
jusqu'au dernier homme les Scires, qui disparaissent désormais comme
nation. Il en fut de même des Avares qui, traités en alliés par Justinien,
renversent la puissance des Huns Utigures, des Sales et des Sabires (2). Contre
les Sarmates Picenses, Constance réveille les inimitiés des autres Sarmates et
des Taïfales qui dispensent les Romains d'intervenir (3). Dans une bataille livrée par les Alamans à un comte romain, le drapeau des auxiliaires Hérules et Bataves tombe au pouvoir de ces barbares. Ce sont aussitôt des cris
de joie et de triomphe; autour de ce drapeau, les Alamans organisent des
danses et trépignent d'enthousiasme. Hérules et Bataves étaient leurs ennemis
particuliers plus que les Romains eux-mêmes (4). De même contre les Bulgares
qui ont battu ses armées, l'empereur Léon-le-Philosophe appelle les Hon-
grois, qui viennent de déboucher sur les rives de la Theiss (5). Sans les barbares, en un mot, jamais les Romains ne seraient venus à bout de contenir si longtemps la barbarie et de lui disputer leurs frontières.

Du reste, ils n'ont pas changé, depuis le jour où Jules César les a vaincus
pour la première fois et que l'empire a traité avec eux. Insolents dans la
bonne fortune, rien n'égale leur humilité dès que le sort des armes a tourné
contre eux. Les protestations d'obéissance, les signes extérieurs de la vénération la plus plate ne leur coûtent pas. Ils ne croient pas leur orgueil intéressé à résister à ceux dont la force leur impose. Ils offrent leurs femmes,
leurs enfants, leur dévouement prêt à toute réquisition, pourvu qu'on leur
accorde la vie, des terres, la sécurité. Le chef des Quades et des Sarmates,
Zizaïs, mis en présence de l'empereur Constance, tremble de tous ses membres et perd de frayeur l'usage de la voix. Il la recouvre enfin et, à genoux,
en présence de son armée qui a jeté ses boucliers et tend des mains sup-

(1) Jornandes. Hist. Goth., cap. 52, 53. « Cupientes ostentare virtutem. »
(2) Menander Protector. Excerpta de Legat., II, 99.
(3) Amm. Marcel., lib. XVII, 13.
(4) Amm. Marcel., lib. XXVII, cap. 1.
(5) Cedrenus, II, 1055.

pliantes, il demande pardon de sa révolte et offre lui et sa nation à la discrétion de la clémence impériale (1). Les rois des Sarrasins de l'Euphrate se prosternent aux pieds de Julien, lui offrent une couronne d'or et l'adorent comme le maître de leurs nations (2). Les Sarmates Limigantes implorent de l'empire l'oubli de leurs fautes et se déclarent prêts à accepter des terres dispersées au loin dans l'empire, à recevoir le nom avec les charges de tributaires et « plongés désormais dans un repos profond, à adorer la Paix comme leur déesse tutélaire (3). » Tous, même ceux qui dans la fougue de leur premier élan ont fait trembler Rome et Byzance, sont ainsi ; protestant de leur fidélité, vantant les services qu'ils sont disposés à rendre, offrant l'épreuve de leur vaillance. Les Huns, désorganisés après la mort d'Attila, font auprès des empereurs assaut de servilité. Dotés de pensions ou de terres, ils se jalousent les uns les autres, se dénoncent aux officiers de l'empereur, rivalisent à qui méritera le mieux les grâces et les faveurs de Byzance. Les Huns Uturgures, envieux du bonheur des Cuturgures, qui viennent d'être admis dans l'empire, envoient à Justinien leur roi Sandich, qui plaide en ces termes la cause de sa nation :

« Les bergers ont coutume de prendre à la mamelle de petits chiens, de les nourrir et de les élever chez eux. Le chien adulte reconnaît les bienfaits de ses nourriciers et les aime uniquement. De sorte que si les loups se jettent sur le troupeau, ils le défendent et protègent avec le berger la bergerie. Les chiens ne tendent pas d'embûches aux troupeaux ; ils ne font jamais contre eux alliance avec les loups. O prince! dans ton empire si plein de richesses que l'intelligence ne les peut concevoir, les choses ne se passent pas autrement. Tu as besoin de gardiens fidèles pour le préserver contre les loups dévorants.

» Or pendant que nous vivons péniblement dans nos solitudes stériles, tu dispenses aux Cuturgures le blé en abondance ; leurs celliers regorgent de vin ; on les reçoit dans les bains publics ; ils se parent d'ornements précieux ; pour vêtements ils ont des tissus légers brodés d'or. Et cependant ils ont entraîné dans leur patrie, des milliers de Romains, ils ont exigé d'eux les humiliants devoirs de l'esclavage. Au moindre délit, et même sans aucun prétexte ils leur infligeaient le fouet et toutes les tortures que la cruauté peut suggérer à l'esprit de maîtres méchants. Pour nous, nous avons délivré ces malheureux de leurs outrages, nous les avons rendus à leurs familles. Voilà nos services et les leurs. Nous demandons à être traités aussi bien qu'eux (4). »

En termes presque semblables, les Lombards dénonçaient au même prince les déprédations des Gépides dans le Norique, et obtenaient de les supplanter dans leurs cantonnements et leurs réserves. Pour prix de ces bienfaits, ils exterminaient leurs voisins et prenaient leur place (5).

(1) Amm. Marcel., lib. XVII.
(2) Amm. Marcel., lib. XXIII, cap. 3.
(3) Amm. Marcel., lib. XVII, cap. 10.
(4) Procope. De Bell. Goth. Lib. IV, cap. 19.
(5) Procope. De Bell. Goth. Lib. III, cap. 33.

Pour contenir dans le devoir ce monde turbulent, à l'humeur inquiète et violente, il eût fallu, comme faisaient les premiers Césars, entretenir à demeure auprès de ces nations, des résidents ou des tuteurs, leur donner de la main du prince des chefs dont la fidélité ne fût pas douteuse, même leur en imposer d'étrangers. Les empereurs ne le voulurent ou ne le purent point. Cependant instruits par l'expérience ils essayèrent quelquefois d'éviter les écueils d'une politique trop imprévoyante. L'empereur Théophile installa à demeure auprès du chagan des Chazares, le comte Petronas avec le titre de préfet, en raison de l'importance du passage de la Chersonèse que tenaient ces barbares (1). L'empereur Basile ayant fait rentrer sous l'autorité de l'empire les peuples Croates, Serbes et autres tribus, scythiques, qui depuis un siècle avaient vécu sur les rives de la Save, dans une indépendance absolue, leur nomma des préfets qu'ils consentirent, par crainte des Sarrasins, à accepter de lui (2). Peut-être Maurice fit-il une tentative analogue au commencement de l'établissement des Lombards en Italie (3). Mais ce ne furent là que des velléités passagères, des mesures transitoires et personnelles qui n'acquirent jamais la consistance et la suite d'un plan politique.

Les Byzantins comptaient davantage sur la connaissance profonde qu'ils avaient acquise du caractère et des appétits des barbares. Ils tenaient leur cupidité et leur amour-propre en éveil par l'octroi des titres et des honneurs qu'on leur décernait, par les pensions, les dons en nature et en argent dont la valeur était stipulée par les traités. Tous tendaient les mains vers Byzance qui leur apparaissait comme une mine inépuisable de richesses. Ils étaient très-sensibles aux douceurs et aux raffinements d'un luxe qui excitait leur curiosité avide, qui faisait germer en eux des besoins que l'empereur pouvait seul satisfaire. On ne réfléchissait pas que ces besoins une fois éveillés, la crainte seule, et l'attente d'une répression impitoyable et sûre, pouvait empêcher ces natures primitives et fougueuses de se précipiter, pour peu que l'occasion s'y prêtât, sur l'objet de leurs convoitises, et d'assouvir leur passion de luxe et de jouissances.

Aux chefs de nations avides de considération, désireux d'occuper une place dans l'empire, d'y jouer un rôle officiel et de joindre au titre que leur donnait la naissance parmi leurs compatriotes, le prestige d'une dignité qui imposait aux Romains eux-mêmes, les empereurs distribuaient les honneurs les plus enviés de la cour. Alaric, sans pouvoir obtenir la maîtrise de la milice qu'il ambitionnait, recevait le traitement de général d'armée, soit quatre-vingts centeniers d'or (4). Attila était payé comme stratège et réclamait chaque année impérieusement sa solde (5). Théodoric, fils de Valamir, se parait du titre de patrice et de duc. Le futur roi des Ostrogoths d'Italie avait revêtu à Byzance la pourpre

(1) Cedrenus. Hist. Comp. II, 930.
(2) Cedrenus. Hist. Comp. II, 1018-1026.
(3) Voir notre chapitre sur les Lombards.
(4) Olympiodore. Biblioth. Photii, nᵒ 80 : μισθὸν ἔλαβε τῆς ἐκστρατείας.
(5) Priscus Rhetor. Hist. Goth. II, 65 : « ... στρατηγοῦ Ῥωμαίων, ἧς χάριν ὁ Ἀττήλας παρὰ βασιλείος ἐδέδεκτο τοῦ τοῖς στρατηγοῖς χορηγουμένου τὰς συντάξεις ἐκπεμπέσθαι. »

consulaire, et Zénon l'avait adopté en fils. D'autres souverains, comme les rois francs et burgondes, reçurent le patriciat et le consulat. Les rois wisigoths d'Espagne et les Lombards obtenaient de porter le nom de *Flavii* que les empereurs eux-mêmes ajoutaient à leurs titres. Le roi des Bulgares au xe siècle, et par une faveur tout exceptionnelle, fut désigné par la chancellerie byzantine, si pointilleuse, par le terme sacré de βασιλεὺς, qui lui constituait une supériorité sur tous les autres chefs barbares. Les empereurs espéraient ainsi rattacher officiellement à l'empire et compter comme sujets des princes devenus, pour la plupart, réellement indépendants dans leurs provinces.

Il fallait bien d'ailleurs, au moins pour les plus puissants et les plus éloignés du centre d'action de l'empire, se contenter de sauver les apparences. C'est pourquoi tous devaient recevoir avant toutes choses les images et les statues du prince. Les rejeter c'était se déclarer en état de révolte contre l'empire ; les accepter c'était avouer sa suprématie et sa tutelle morale. L'usage était général et sa signification bien connue de tous les barbares. Constantin envoya à tous les petits rois indiens, dont les ambassadeurs étaient venus le saluer, son portrait peint sur bois et ses statues. Eusèbe, qui cite le fait, ajoute : « En les recevant ils témoignaient le reconnaître pour l'autocrate et l'empereur (1). » Parfois ces envois officiels étaient déguisés sous une forme qui devait tout particulièrement flatter la cupidité des barbares. C'étaient de gros médaillons d'or, généralement munis de belières et destinés à être suspendus au cou comme les médailles de nos ordres. Ils portaient au droit l'effigie du César régnant à Byzance ; au revers, la formule : *Gloria Romanorum*. Ils atteignaient parfois un poids considérable. Celui que Chilpéric montrait avec complaisance à Grégoire de Tours et qu'il avait reçu de Tibère II, pesait soixante-douze *solidi* (2). Nous en avons de Justinien et de Constance de cinquante-six *solidi*. Nulle part les historiens n'en signalent un pareil à celui qui était conservé dans le trésor des rois wisigoths. S'il faut en croire Frédégaire, ou si Frédégaire n'a pas été victime d'une erreur de transcription, il aurait pesé cinq cents *solidi*. Pour se rendre maître de cette pièce unique, Dagobert aurait déclaré la guerre au roi Swintila (3). On sait que l'effigie de l'empereur frappée même sur une monnaie, à plus forte raison sur des médailles fabriquées à l'usage des barbares, équivalait à l'image et à la statue du prince. L'insulter ou la contrefaire était puni comme un crime de lèse-majesté. Les princes barbares portaient ainsi sur leur costume de cérémonie, comme l'emblème de leur dépendance et le signe visible de la suprématie impériale.

Outre des sommes parfois énormes et qui pouvaient passer pour la rançon d'un État, trois cents livres d'or aux Lombards, quatre-vingt mille écus aux Avares, les empereurs expédiaient du blé, du vin, des vêtements, souvent les matières premières nécessaires à l'industrie rudimentaire des barbares ; à chacune de ces nations, suivant ses goûts, ses besoins ou ses désirs. Il semblait

---

(1) Eusèbe. De vitâ Constant. Lib. 1V, cap. 50 : « εἰκόνων γραφαῖς, ἀνδριάντων τ'αὐτοῦ ἀναθήμασι τιμῶντες αὐτοκράτορα καὶ βασιλεά γνωρίζειν ὡμολόγουν. »
(2) Greg. Turon. Lib. VI, cap. 2.
(3) Frédégaire, cap. 73.

que l'empire fût devenu tributaire de la barbarie, et qu'il ne crût pas devoir acheter trop cher la tranquillité de ses frontières. Il nous reste un de ces traités, un des moins onéreux et des plus raisonnables, conclu par l'empereur Constantin Porphyrogénète, avec un des peuples scythes qui gardaient la Chersonèse taurique. Il est intéressant par les articles qui s'y trouvent énumérés. « Parce que vous avez travaillé honnêtement pour nous, comme d'ailleurs pour les pieux ancêtres de notre divinité, nous vous confirmons les privilèges et immunités d'impôts à travers nos provinces que vous avez déjà obtenus. Nous vous donnons en outre notre statue d'or, avec une chlamyde impériale, les fibules et la couronne d'or, pour servir d'ornement à votre cité, de même une charte de notre main consacrant les priviléges et immunités de vous et de vos matelots; de plus, comme signe de la sincérité de nos intentions, des anneaux d'or, portant gravée l'image de notre Majesté; afin que les messagers chargés de vos suppliques soient partout reconnus ; nous vous donnons encore des nerfs de bœufs, des bois à grain fin, du fer et de l'huile pour la confection de vos balistes de guerre, mille rations de blé pour vous encourager à l'exercice de la balistique : Le tout vous sera chaque année expédié dans la Chersonèse (1). »

Si tous les traités conclus par les princes byzantins avaient eu ce caractère d'utilité pratique, on serait mal venu à contester les avantages de la politique suivie avec les barbares. Malheureusement ni les exigences de ceux-ci n'étaient toujours aussi modestes, ni les empereurs ne furent toujours assez sages pour restreindre leurs faveurs en des limites raisonnables. Il est vrai qu'ils avaient souvent la main forcée par les nécessités du moment, les barbares étant habiles à exploiter les périls de l'empire et par le désir d'éviter des mécontentements et des complications qui auraient divisé leurs forces. Les princes avaient l'air de faire des grâces, de dispenser leurs dons par pure bénévolence ; ils prenaient le ton de bienfaiteurs dans les harangues de leurs légats ; en réalité ils subissaient une contrainte et par malheur cette attitude ne trompait personne. L'histoire des Avares est instructive, comme exemple des dangers que pouvaient faire courir à l'Etat ces admissions en masse de tribus barbares, et de l'insolence auxquelles les inclinaient invinciblement des concessions trop généreuses.

« Après avoir longtemps erré par le monde, dit un historien, ils s'abouchèrent avec les Alains et prièrent leur roi Sarosius de les faire connaître aux Romains (2). » C'est ainsi que de proche en proche se répandait le bruit des générosités des Césars et le désir d'entrer à leur service. L'officier qui commandait dans le Lazique transmit à Justinien la pétition des Avares. Les orateurs de cette nation furent mandés à Byzance. On peut résumer en peu de mots leurs discours. « Nous appartenons à la nation la plus forte et la plus brave du monde entier; elle est capable de repousser et d'exterminer tous vos ennemis. Votre intérêt vous commande de conclure avec nous une alliance et

(1) Const. Porphyr. Opera. De Administ. Imperio, cap. 53.

(2) Menander Protector. Excerpta de Legat. II, 99, 1 : « ὡς ἂν δἰ αὐτοῦ γνώριμοι ἔσοιντα Ῥωμαίοις. »

de vous assurer des auxiliaires aussi précieux. Quant à nous, nous ne servirons l'empire qu'à condition de recevoir une solde annuelle et une région fertile que nous puissions cultiver (1). » Justinien accepta un concours si pompeusement offert, et satisfait des premiers services des Avares, il les établit sur les rives de la Save. L'empire devait bientôt se repentir de tels alliés. Peu d'années après, sous le règne de Tibère, le chagan ou khan envoie à l'empereur le lieutenant chargé de toucher la solde, de faire tous les achats nécessaires à la nation; sitôt qu'il est de retour, le barbare, sans provocation, sans donner le moindre prétexte, se jette sur Sirmium, dont il voulait faire sa capitale. L'empereur qui était tout absorbé par la guerre contre les Perses, essaie d'apaiser les Avares et de leur faire entendre raison. Voici la réponse curieuse que fit le chagan aux officiers impériaux : « Le prince nous ménage en ce moment, parce qu'il a sur les bras une guerre contre les Perses; mais cette guerre terminée, qui sait s'il ne tournera pas ses armes contre nous. Aussi désirons-nous prendre nos sûretés. Nous n'avons pas la naïveté de croire que l'empereur porte grand intérêt aux Avares. Pourquoi en pleine paix a-t-il pourvu Sirmium de nouvelles fortifications? Sans doute le khan reçoit chaque année exactement les dons impériaux ; ce sont assurément de belles et bonnes choses que l'or, l'argent et les tissus de soie ; mais de tous les biens, le plus précieux est encore la vie. Or, nous n'ignorons pas que les Romains ont souvent attiré chez eux par l'appât de hautes récompenses des nations barbares, et que par la suite ils les ont ruinées et détruites. Aussi discours et présents n'y feront rien, les Avares prendront Sirmium et n'auront pas de repos qu'ils y soient installés. » Il fallut en passer par ces conditions. L'empereur commit la faute de livrer Sirmium, après en avoir transporté ailleurs les habitants ; il paya de plus au khan le solde de trois années (2).

Tant de condescendance de la part de l'empereur, un succès si facile ne firent qu'encourager les exigences des barbares. A quelque temps de là, le khan réclama une augmentation de solde, vingt mille écus d'or, en plus des quatre-vingt mille qu'il recevait. L'empereur consentit par amour de la paix. Bientôt le khan demande un éléphant de l'Inde, parce qu'il ne connait pas cet animal, et des coussins dorés. La curiosité des barbares satisfaite, nouvelle réclamation. Cette fois il s'agissait d'un autre supplément de solde de vingt mille écus. L'empereur Maurice, à bout de patience, refusa. Alors le khan se jeta sur Belgrade, Anchialum et menaça les Longs-murs, après avoir envoyé à Maurice, en signe de dérision et de défi une lettre portant la suscription suivante: « Au roi des Romains, le khan, grand seigneur des sept nations et le maître du monde ». On dut en venir à une guerre ouverte ; les patrices Elpidius et Commentiolus châtièrent les Avares et les firent rentrer dans leurs cantonnements; mieux eût valu commencer par là. La paix obtenue n'était qu'une trève ; à la première occasion favorable, les Avares devaient reprendre les armes (3). Cette histoire est celle de la plupart des barbares introduits dans l'empire sous

(1) Menander Protector. *Ibidem.*

(2) Menander Protector. Excerpta de Legat. Barbarorum, II, 24-31.

(3) Menander Protector. *Ibid.* — Theoph. Simocatta, II, 189, 190. — Cedrenus, Hist. Compend. II, 691, 692.

prétexe de le protéger. Frappés de loin par son éclat et sa renommée, ils se faisaient humbles et promettaient leur concours empressé ; dès que familiarisés avec les institutions et les populations romaines, ils avaient appris à connaître le secret de leur faiblesse, ils retrouvaient toute leur arrogance et élevaient d'exorbitantes prétentions. Tout leur était prétexte pour faire contribuer l'empire. Soldats pour défendre un point des frontières, il leur suffisait de prendre les armes pour se faire acheter leur repos ; tour à tour et suivant l'occasion les loups et les chiens du troupeau.

Si les empereurs furent tous d'accord pour se servir des barbareset les considérèrent comme un appoint nécessaire à leurs combinaisons politiques, ils en usèrent avec plus ou moins de discrétion et de prudence, selon leur caractère, les nécessités de l'empire, et la solidité ou la fragilité de leur situation personnelle. Deux systèmes dominèrent tour à tour dans les conseils des princes : la terreur ou la confiance, l'extrême libéralité ou l'extrême rigueur. Constantin, tout pénétré de la majesté de l'empire et des desseins de Dieu sur sa personne, ayant de plus le sentiment de la force que l'unité de l'empire assurait à ses armes, traita les barbares avec raideur et révoqua la plupart des pensions qui leur étaient payées par ses prédécesseurs. « Les empereurs, dit son biographe, payaient autrefois tribut aux Scythes et aux Sarmates. En réalité, les Romains étaient dans la servitude de ces barbares, puisqu'ils acquittaient envers eux une redevance annuelle. Le prince ne voulut pas souffrir une telle indignité ; il estima que ses victoires le mettaient au-dessus des engagements contractés par ses prédécesseurs (1). » Sous Constance, sous Julien, sous Théodose, loin de faire la loi, les Barbares la subirent; on obtenait plus d'eux par l'intimidation que par la faiblesse. Mais, à mesure que l'empire s'affaiblit et que, chaque jour plus nombreuses, les nations barbares se pressèrent autour des frontières, s'entraînant l'une l'autre comme pour un butin commun à partager, il fallut compter davantage sur un élément qui n'avait occupé jusqu'alors qu'une part secondaire dans les préoccupations des Césars. Au déploiement de forces, souvent non disponibles, on dut suppléer par des prodiges d'adresse et de diplomatie. L'étude du monde barbare devint le souci constant des politiques. Sur chacune de ces tribus, leurs parentés, leurs rapports de voisinage, leurs dissensions intestines, leurs relations commerciales, on tint au palais les notes les plus minutieuses et les plus exactes. Pour agir sur elles, les manier, les opposer l'une à l'autre et les tenir mutuellement en échec, il était indispensable de connaître les familles influentes qu'il fallait gagner, les présents qui leur étaient le plus sensibles, les sentiments ou les intérêts qu'il convenait de remuer et de mettre en jeu (2).

Cette science fut rarement pratiquée avec autant de dextérité et de succès que par Justinien. Quoi que la malignité de Procope ait pu lui suggérer, il restera toujours à l'actif de la politique impériale d'avoir obtenu sous ce prince des résultats positifs et considérables. La conquête de l'Italie sur les Ostro-

(1) Eusèbe. De Vitâ Constant., lib. IV, cap. 5.

(2) Voir, comme exemple, le curieux interrogatoire subi par le chef des envoyés turcs, Maniach, en présence de Justin II. (Menander Protector. Excerpta de Legat.; cap. 7.)

goths, celle de l'Afrique sur les Vandales, l'influence de Byzance rétablie chez les Visigoths et chez les Francs ; c'en est assez pour venger Justinien des reproches accumulés contre sa mémoire par la rancune de l'historien, pour excuser même bien des imprudences et des mécomptes. Pour employer une expression moderne, personne ne connut mieux que lui l'échiquier politique de son temps ; du fond de son palais et de sa capitale, dont il ne sortit guère, personne ne sut en manœuvrer les pièces avec plus de précision et d'habileté. Qu'entraîné par l'esprit du système, il ait commis des fautes, qu'il ait surexcité chez les barbares des convoitises que ses successeurs eurent de la peine à réprimer, nul ne le niera ; mais jamais aussi le nom romain ne pénétra plus loin et ne retentit aux extrémités de la terre avec plus d'éclat.

Écoutons maintenant les accusations de Procope : « Il prodigua des richesses immenses à toutes les nations barbares, sans en oublier aucune, celles du levant aussi bien que celles du couchant, celles du midi et celles du nord, et jusqu'aux peuples du fond de la Bretagne. Il combla de ses faveurs des nations dont avant lui personne n'avait su le nom et qu'on voyait pour la première fois avant d'en connaître l'origine et la race. Aussi les barbares, devinant sa manie, affluaient de tous les points du globe à Byzance. Lui cependant les recevait aussitôt, et témoignait par l'épanouissement de ses traits du plaisir qu'il avait à les voir et du profit qu'il en espérait. Aussi épuisa-t-il les richesses de l'empire en prodigalités aux barbares, en bâtiments, en dépenses de luxe. Le trésor des Romains fut à la discrétion de ces étrangers pensionnés par l'État, et qui lui vendaient le butin qu'ils avaient fait, les captifs qu'ils avaient enlevés, les conditions de paix qu'il acceptaient (1). Une fois qu'ils avaient goûté des richesses de Byzance, il était impossible de les en détacher et de leur en faire oublier le chemin (2). »

Les conséquences de cette politique ne tardent pas à se faire sentir : « Avant Justinien, les Romains vivaient en paix avec leurs voisins. Mais cet homme, impatient de repos et animé d'une fureur sanguinaire, n'eut pas de cesse qu'il ne les mit aux prises les uns avec les autres. Il manda sans aucun prétexte auprès de lui les chefs des Huns, leur prodigua dans sa munificence insensée des sommes énormes, pour s'assurer, disait-il, leur amitié. Revenus chez eux, chargés de notre or, ils prévenaient d'autres chefs et d'autres hordes, qui ravageaient nos provinces, pour se faire acheter une paix que César était toujours empressé de leur vendre. Après ceux-là d'autres venaient encore, tirant double profit des rapines auxquelles ils se livraient et du trésor qu'on leur tenait ouvert. Ainsi la curée continuait sans trève, les barbares se passant la main, et revenant à l'assaut de nos richesses comme en un cercle sans issue (3). » Il faut croire que ces plaintes avaient quelque fondement, puisqu'elles sont répétées par plusieurs des historiens contemporains, Agathias, Ménandre, Ephrémius, Jean d'Antioche, et puisque le peuple dans l'hippodrome reprocha au

(1) Procope. Hist. secret., cap. 19.

(2) Procope. Hist. secret., cap. 8.

(3) Procope. Hist. secret., cap. 2.

prince ses largesses, « comme si les Romains avaient à racheter des torts à l'égard des barbares (1). »

Dans le fait, il serait difficile de citer une peuplade que Justinien n'ait fait explorer par ses ambassadeurs, qu'il n'ait tentée par des présents. Des négociations en règle étaient entamées avec les plus lointaines et les plus inconnues, comme les Sarrasins des bouches de l'Euphrate, les Abares de la Colchide, le roi d'Axoum, les Éthiopiens et les Homérites de l'Abyssinie (2). La Chine reçut ses missionnaires qui y entretinrent des chrétientés florissantes, comme en témoigne la longue inscription de *Si-gnan-fou*, de quelque temps postérieure. Ce ne fut à Byzance, durant son règne, que défilés de barbares, que cortéges de souverains exotiques, suivis de leurs sujets dans les costumes les plus variés et les plus pittoresques. Les historiens ont retenu les réceptions faites au roi des Hérules, Grétès; à Gordas, roi des Huns du Bosphore; à Mundus, roi des Gépides; à Sandil, souverain des Avares; à Kaysus, cheik des Sarrasins; au roi des Axumètes, Adadius; à Zamanarcus, roi des Ibères, dont la femme fut comblée de présents et parée de bijoux précieux par Théodora (3).

Il serait puéril de mettre ces empressements sur le compte de la curiosité ou d'une vaine ostentation de magnificence. Quelques passages d'Agathias et de Jean d'Antioche nous mettent sur la voie d'explications plus plausibles. Il y avait un calcul dans ces prodigalités. Plutôt que de mettre sur pied des armées nombreuses, qui grevaient le trésor public d'énormes charges et qui auraient fait de toutes les frontières un vaste champ de bataille, Justinien préférait consacrer les forces militaires de l'empire à des entreprises plus fructueuses et plus difficiles, comme les guerres de Perse, la conquête de l'Afrique et de l'Italie; en ce qui concerne les barbares, il multipliait contre eux les barrières et les postes fortifiés, et s'en remettait pour les paralyser et les détruire aux inimitiés et aux haines qui les divisaient. Il suffisait pour cela de mettre le prix nécessaire au dévouement intéressé de quelques rois ou d'attiser leurs rivalités. C'est par ces procédés qu'il ruina les unes par les autres les tribus hunniques qui se pressaient sur la rive droite du Danube. Il écrivait à l'un de leurs chefs, pour s'excuser de la modicité des présents qu'il lui adressait : « Je t'en destinais de bien plus beaux; mais ils ont été détournés en chemin par ton collègue, sous prétexte qu'il mérite, par la supériorité de sa force et de ses services, de garder pour lui la meilleure part. Montre-lui et montre-nous qu'il se trompe et que tu l'emportes sur lui. » De telles ruses, souvent renouvelées et variées, semaient entre les tribus la discorde et la défiance. Les Huns s'exterminèrent les uns les autres, sans qu'il fût besoin de les aider en recourant aux armées byzantines. Au moment où la mort le surprit, Justinien était occupé à jouer le même jeu avec les Avares et avec le même succès (4). A mesure qu'il vieillissait, craignant davantage de commettre sa fortune aux hasards des armes et de conflits sans gloire, il se plaisait de plus

---

(1) Agathias. Lib. V : « ὥσπερ ἡμῶν ἐπ᾿ αὐτοὺς πεπλημμεληκότων. »

(2) Voir la curieuse ambassade de Nonnosus. Biblioth. Photii, p. 3.

(3) Voir Cedrénus, qui mentionne année par année ces visites et ces réceptions.

(4) Agathias, lib. V.

en plus à ces combinaisons et à ces coups de partie où excellait son génie patient et rusé. Lui aussi, comme Bélisaire et Narsès, remportait des victoires qui allongeaient la liste de ses titres ; mais ses triomphes ne coûtaient qu'au trésor de l'empire et épargnaient le sang de ses peuples.

Son successeur Justin II prit le contre-pied de la politique de son oncle. Il appartenait à la faction qui blâmait le système des largesses aux barbares. Il voulut procéder par l'intimidation et la peur. Plus de réceptions fastueuses au palais, plus de pensions et de dons gracieux à ces rois que Justinien avait habitués à tant de générosité. Il refusa une audience publique à un cheik sarrasin et ne consentit à le recevoir que seul, sans suite ni cortège. Et comme celui-ci insistait pour recevoir les présents stipulés par ses conventions avec Justinien : « Il serait par trop ridicule , s'écria-t-il, que les Romains se reconnussent tributaires des nations sarrasines et de tous ces nomades (1) ! » Cependant ces mêmes Sarrasins étaient fort utiles à l'empire dans ses démêlés avec la Perse ; ils se chargeaient d'opérer au sud de leurs États des diversions heureuses aux opérations qui avaient pour théâtre les plateaux de l'Arménie et le haut Euphrate. Plus tard Justin lui-même dut en convenir et payer aux Sarrasins le prix qu'ils réclamaient de leur concours, mais il stipula qu'ils tenaient ce don « de sa libéralité et non d'une convention » qui l'engageât pour les années suivantes. Il recevait avec le même mauvais vouloir l'ambassadeur du roi de Perse, Sebochtès, qui venait réclamer les sommes dues à son maître par l'empire, aux termes du traité consenti par Justinien. « Je ne puis approuver, dit-il, une amitié qui s'estime au poids de l'or, c'est un marché honteux et servile quand elle s'achète ; la véritable amitié n'est fondée que sur la nature et la raison. » Discours admirable, si les intérêts des États se conduisaient selon les maximes de la philosophie, mais qui n'eut pour réponse qu'une déclaration de guerre de la part des Perses (2). L'ambassade des Avares n'eut pas plus de succès ; il est vrai que le langage de leur orateur tantôt humble, tantôt menaçant, n'était pas fait pour se concilier l'atrabilaire empereur. « Je ne me laisserai, répondit-il, ni gagner par vos flatteries, ni effrayer par vos menaces. Allez-vous-en d'ici, satisfaits de pouvoir quitter sains et saufs ma capitale. Rapportez à vos frères, au lieu de l'or et de l'argent que vous attendiez, une salutaire terreur. Nous n'avons que faire de vos secours. Quand nous aurons besoin de vous, nous vous paierons , et l'or que vous recevrez sera, non pas un tribut, mais le prix de votre servitude (3). » Ce langage à coup sûr était digne de la majesté de l'empire, il rappelait la fierté du vieux temps ; mais les forts seuls ont le droit de parler ainsi, de tels discours veulent être appuyés par des actes qui en fassent sentir le poids. Peut-être n'étaient-ils pas en situation dans la bouche d'un prince dont on savait l'incapacité et la faiblesse. Le premier étonnement passé, ils prêtaient à la risée et appelaient de promptes vengeances. Et ce fut le cas pour la harangue de Justin, que d'ailleurs son historien Ménandre appelle « un faible d'esprit. » La vérité était entre ces deux extrêmes.

(1) Menander Protector. Excerpta de Legat., II, 106, cap. 6.
(2) Menander Protector. Excerpta de Legat., cap. 20.
(3) *Idem, ibidem*, II, 102, 103, cap. 5.

Cette science du gouvernement des barbares, si nécessaire aux empereurs, puisque d'elle dépendait en partie le salut de l'État et la tranquillité publique, a inspiré à Constantin Porphyrogénète la plupart de ses très-curieuses compilations. Jamais la barbarie n'a tenu une si grande place dans les préoccupations des politiques; il est évident que le souci capital est de se défendre contre elle. Et comme dix siècles se sont écoulés depuis que l'empire est en contact avec elle, comme il a vu se renouveler fréquemment le nom de ces tribus et de ces États acharnés à se détruire les uns les autres, ce sont les leçons de cette longue expérience que l'empereur érudit a voulu consigner dans ses livres pour régler la conduite de ses successeurs. Si l'on veut en effet prêter quelque attention aux titres et au contenu de ces ouvrages, on s'apercevra bien vite de cette préoccupation dominante. Le livre *des Cérémonies* lui-même peut se diviser en deux parties qui traitent exclusivement de l'étiquette à observer, l'une pendant les solennités religieuses, l'autre pendant la réception des barbares. Le recueil *des Ambassades* est de tous le plus précieux. Il contient les fragments d'historiens pour la plupart perdus, depuis le troisième siècle jusqu'au neuvième, racontant les missions dont furent chargés auprès des nations barbares les dignitaires de la cour de Byzance. Un ouvrage, dont de rares fragments ont été retrouvés par Fabricius Peiresc, le *De virtutibus et vitiis*, renfermait deux livres dont la perte est infiniment regrettable pour nous, intitulés : *Sur les peuples et sur les demandes de secours* (1); ce devaient être des traités de géographie politique. La *Tactique* qui contient les préceptes de l'art militaire, tels que le temps, l'expérience et la qualité des adversaires ont pu le modifier depuis Végèce, nous donne le récit de plusieurs expéditions importantes, et ce qui intéresse davantage l'historien, la composition des armées qui opérèrent en divers lieux contre les barbares. La préface du *Traité d'administration* nous indique la portée et le but de l'ouvrage. « Je vais, dit l'empereur à son fils, t'enseigner une science dont la connaissance est nécessaire pour t'éviter bien des erreurs dans l'exercice des affaires publiques. Je t'expliquerai quelles sont chacune des nations qui avoisinent l'empire, et dans quelle mesure elles peuvent le servir, dans quelle mesure lui nuire, quelles sont les qualités et les mœurs de chacune, et par qui parmi leurs voisines, elles peuvent être surveillées, attaquées et maîtrisées. Je te dirai quelle est leur avidité et leur cupidité insatiable, comment on doit éluder leurs réclamations iniques. Tu sauras enfin par quels procédés on peut les manier, les gagner, les repousser et les subjuguer. » Suit, conformément à ce programme, l'énumération des peuples qui gravitent autour de l'empire. Ce monde barbare a complètement changé depuis Constantin et Justinien. Au x° siècle il est question surtout des Russes, des Turcs, des Khazares, des Bulgares, des Slaves, des Patzinaces. Nous ne pouvons suivre l'auteur dans la description qu'il donne de chacun d'eux et dans les instructions très-détaillées et très-pratiques dans lesquelles il entre, pour s'assurer leur fidélité toujours intéressée et chancelante. On voit que le système de Justinien n'a jamais été complètement abandonné par ses successeurs, et que les procédés en usage vis-à-vis

(1) περὶ ἐθνῶν, περὶ ἐπιδόσων.

des barbares résultaient « de la nécessité et de la nature des choses. » Pour clore ce tableau, en regard de cette poussière de nations, inférieures et haineuses, le royal écrivain esquisse à grands traits et à grands renforts de métaphores bibliques, l'image de l'empire et de l'empereur. « Ta Majesté leur apparaîtra formidable et elles fuiront loin de toi, comme du feu. Le frein sera à leur bouche et tes paroles les transperceront comme des traits. Ton aspect leur sera terrible, et en ta présence elles seront saisies de tremblement. Le Dieu tout-puissant sera contre elles ton bouclier, il t'instruira de ses conseils, dirigera tes pas et t'affermira comme sur un piédestal inébranlable. Ton trône sera comme le soleil devant lui, ses yeux seront tournés vers toi, parce qu'il t'a choisi lui-même, qu'il t'a séparé du troupeau dès le sein de ta mère afin de te réserver son empire comme au meilleur, et il t'a placé comme un observatoire sur une colline, une statue d'or sur une montagne, une ville sur une hauteur, afin que les peuples t'apportent leurs présents et que les habitants de la terre se prosternent devant toi. »

CHAPITRE II.

LA PROPAGANDE CHRÉTIENNE.

Jusqu'ici nous n'avons observé que des différences peu sensibles entre la politique des empereurs chrétiens et celle des Césars de Rome à l'égard des barbares. Seulement les rapports sont devenus plus fréquents, le contact plus immédiat et plus permanent ; soit que la puissance d'assimilation de l'empire ait diminué, soit qu'ait augmenté sur ses frontières la pression du monde barbare, ou que les deux causes réunies aient conspiré à précipiter les conflits entre les deux adversaires. Mais les procédés d'action et de pénétration sont demeurés les mêmes ; Byzance les a recueillis dans l'héritage de Rome ; elle en use avec plus ou moins de discrétion et de mesure, suivant l'humeur ou le génie de ses maîtres. Si l'on veut cependant examiner de plus près cette politique, on s'aperçoit bientôt qu'elle n'a plus le caractère exclusif de défense et de conquête que l'empire d'Auguste a connu uniquement. Le souci de la protection des frontières n'est plus le seul qui assiège l'esprit des Césars. Envers ces barbares, l'empereur chrétien se reconnaît des devoirs ; il doit les amener à la foi et à la connaissance de la vérité évangélique. Il tire gloire de leur conversion comme d'une victoire. Non que la politique par ces préoccupations nouvelles perde ses droits ; elle est au contraire servie par ces conversions ; non que la défense en soit entravée ; le lien religieux est une chaîne nouvelle, la plus forte de toutes, pour rattacher les peuples que l'intérêt et la crainte attiraient seuls dans l'alliance impériale. Autant d'âmes gagnées au Christ, autant d'ennemis désarmés, autant de défenseurs acquis à l'empire, qui a identifié sa cause avec celle de la chrétienté.

Rome n'avait pas connu de tels soucis. Indifférente par système en matière religieuse, elle ne s'occupait pas à déraciner les superstitions étrangères et à remplacer par ses dieux ceux de ses nouveaux sujets, à moins toutefois que ces divinités n'inspirassent à leurs adeptes la haine contre l'étranger. Le Panthéon romain admettait tous les cultes, pourvu que ceux-ci fussent à

leur tour aussi accommodants. Le paganisme s'adaptait merveilleusement à
toutes les croyances ; son naturalisme se pliait sans efforts à toutes les
conceptions religieuses des mythes gaulois ou germaniques ; les noms des
divinités changés, les autels et le culte restaient les mêmes, et le barbare
pouvait croire qu'il adorait toujours les mêmes dieux. Il en fut tout autrement quand le christianisme eut conquis l'empire. Le Dieu de la Bible est
un Dieu exclusif et jaloux ; le Dieu des chrétiens inspire et commande aux
siens la propagande. Convertir les gentils devient le premier devoir des
Césars. Ils s'appliquent le « *docete gentes* » que le Christ a prêché à ses
disciples. Ne sont-ils pas eux-mêmes les vicaires de ce Christ ? La croix
n'est-elle pas désormais l'emblème officiel de l'empire en même temps que le
symbole de la foi ? Ne se proclament-ils pas les successeurs des apôtres ,
ceux à qui Pierre a légué son troupeau ? Parmi les acclamations qui les ac-
cueillent au temple , au théâtre, à l'hippodrome, celles qui flattent le plus dé-
licatement leurs oreilles, sont celles de « Remparts de la Trinité, Nouveaux apôtres, Semblables aux apôtres : « Ἰσαπόστολοι , νέοι Ἀπόστολοι (1). »

Cette succession des apôtres est certainement ce qui a le plus frappé Cons-
tantin-le-Grand dans son changement de religion ; c'est le point de vue qui
domine dans ses lettres et dans ses discours ; on dirait qu'il a pressenti les
avantages que l'empire en devait tirer. Du premier jour, il se sent la respon-
sabilité des consciences de l'univers tout entier (2). Il se trace le programme
d'un apostolat grandiose. « Par moi , écrit-il, les barbares connaîtront le vrai
Dieu et apprendront à le vénérer (3). » Telle est sa ferveur qu'il bâtit dans sa
capitale une église aux saints apôtres, et que dans cette église il fait disposer
douze cénotaphes, entre lesquels il place à l'avance son tombeau, en tout
semblable aux monuments qui l'entourent. Ses successeurs se feront inhumer
auprès de lui. Le temple sera l'*heroon* des Césars byzantins. De même, dans
le ciel, à la droite du TrèsHaut, ils auront leur place marquée entre Pierre et
Paul, les glorieux confesseurs de la foi, avec qui sur terre ils auront rivalisé
par leurs travaux.

Les missions, voilà donc l'élément nouveau qui donne à la politique byzantine son caractère distinctif. Le prêtre, le moine, précèdent dans les pays
barbares le diplomate et le soldat. Par la route qu'ils ouvriront, l'un et l'autre
ne tarderont pas à pénétrer. Rome, avant d'achever la conquête d'une province , avait , elle aussi, l'habitude de la préparer par d'autres voies plus
pacifiques. Le pays se couvrait de *negotiatores*, de marchands hardis, qui,
à leurs risques et périls, venaient tenter la fortune dans ces régions, en reconnaître les ressources et les exploiter. Ils tentaient la curiosité ou la coquet-
terie des barbares par l'étalage d'étoffes et de bijoux, leur proposaient des
échanges, leur créaient des besoins pour avoir l'occasion de les satisfaire. Leur
fortune faite, ils avaient frayé la route à de plus nombreux et de plus audacieux ; ils revenaient parfaitement informés de la situation politique et maté-

(1) V. Banduri, Antiquit. Const. Lib. V, pag. 105.

(2) Eusèbe. De Vitâ Constant. Lib. IV, cap. 8 : « οἷα τίς κοινὸς τῶν πανταχοῦ κηδεμών: »

(3) Eusèbe. Lettre aux évêques du concile de Tyr (Socrate. Hist. Eccl., lib. I. cap. 34).

rielle de la région, prêts à donner les renseignements nécessaires aux hommes politiques, sachant par où une armée pouvait s'avancer, quels points stratégiques elle devait d'abord occuper, quels personnages influents il était habile de circonvenir et de gagner. Le missionnaire est plus précieux encore que le marchand, parce qu'il est plus désintéressé; il puise son courage à une source plus haute et plus pure. Ce n'est pas sa fortune qu'il veut faire, c'est le ciel qu'il veut acheter, fût-ce par le martyre. Comme en même temps il est généralement instruit, patient et adroit, il devient un agent politique de premier ordre. La politique à Byzance n'est pas un domaine réservé qui lui soit interdit. La politique et la religion vivent dans une étroite union. L'empereur est en même temps le chef des fidèles; c'est lui-même qui trace aux missionnaires leur plan de campagne. Ils partent munis de ses instructions, ravitaillés aux postes et aux forts des frontières, protégés par ses sauf-conduits et ses lettres patentes. L'expérience leur a suggéré à la longue les moyens d'action les plus efficaces. Au lieu de perdre leur temps et leurs peines à des besognes méritoires mais obscures, ils s'attaquent tout d'abord aux personnages influents: ils circonviennent le roi par ses entours, surtout par les femmes qui l'approchent, et qui sont plus sensibles aux douceurs séductrices de sa prédication. Par le roi le peuple est converti en masse et comme d'un seul coup. S'il n'est qu'ébranlé et résiste encore, le missionnaire lui suggère l'idée d'un voyage à Constantinople où l'appelle le souverain. Dans ce milieu nouveau, la religion lui apparaît environnée d'un tel prestige et d'une telle magnificence; l'empereur sait si bien l'envelopper et l'étourdir par les cérémonies auxquelles il l'associe, par les promesses, les présents et les caresses, qu'il est bien rare qu'il n'en revienne baptisé et chrétien. A dater de ce jour, la conquête morale et matérielle de son peuple est un fait accompli. Les prêtres qui l'entourent deviennent ses confidents, ses conseillers et ses ministres. Des évêques sont institués dans ses Etats qui relèvent du patriarcat de Constantinople et par suite de l'empereur. Il fait officiellement partie du grand empire chrétien. En même temps des mœurs nouvelles remplacent les anciennes; en abandonnant ses dieux pour adorer le Dieu de l'empire, le peuple adopte des usages, un genre de vie qui lui étaient jusqu'alors inconnus et qu'il ne comprenait pas. Il s'initie à une civilisation dont il n'avait jamais pu pénétrer le mystère, et qui lui conseille le travail et la paix. Le christianisme ne lui apporte pas seulement un culte nouveau, un ensemble de prescriptions rituelles; il est un fait social très-complexe, il représente tout un monde d'idées, de sentiments et même d'habitudes extérieures qui s'imposent aux nouveaux convertis et les rapprochent de leurs instituteurs et de leurs maîtres. Il est remarquable, en effet, que dans tous les textes byzantins la conversion des barbares au christianisme coïncide avec leur passage d'une vie nomade et guerrière à une existence plus stable et mieux réglée. Ils se fixent au sol en même temps qu'ils changent de dieux.

L'histoire de ces conversions ajouterait plus d'un chapitre curieux à l'histoire de Byzance, en permettant de prendre sur le vif le sourd travail de patience par lequel les empereurs finirent par miner la barbarie et par la rendre, sinon inoffensive, du moins peu dangereuse pour les institutions de l'empire.

Il était rare que ces conversions fussent imposées par la force et comme une des conditions de paix du vainqueur. Si Constantin agit ainsi à l'égard des Sarmates, c'est qu'il était encore dans la première ferveur de son zèle (1). Plus tard, les voies de la persuasion parurent préférables, et réussirent mieux en effet. Beaucoup de ces barbares venaient d'eux-mêmes au devant du baptême et demandaient à faire partie de l'église en même temps que de l'empire. Se convertir leur semblait comme une suite et une conséquence forcée de leur changement de statut social. En s'engageant à obéir aux lois, ils entendaient en même temps se soumettre aux canons, qui faisaient, comme on sait, partie de la législation. Ce fut le cas pour les Goths, qui demandèrent seulement d'être instruits dans leur langue. On leur envoya le moine Ulphilas (2). D'autres, comme les Burgondes, ébranlés par les coups répétés de la mauvaise fortune, n'ayant plus confiance en des dieux dont le patronage ne leur valait que des désastres ; considérant d'autre part la puissance des Romains et le bonheur constant de leurs armes, passaient en masse sous la loi d'un Dieu dont la protection se manifestait plus efficace. Ces barbares raisonnaient en somme comme avait fait Constantin lui-même, et se déterminaient par les mêmes motifs ; le succès était pour eux l'épreuve suprême, le criterium infaillible de la valeur d'une religion (3).

Les Croates et les Serbes, deux branches du même rameau slave, furent établis par l'empereur Héraclius, les premiers dans l'ancienne province d'Illyrie, les seconds dans la partie du thème de Thessalonique, puis du thème de Belgrade qui a gardé depuis lors le nom de Serbie. En même temps, l'empereur demandait au pontife de Rome des évêques et des prêtres pour leur prêcher l'Evangile (4). Ils reçurent le baptême et renoncèrent solennellement à leurs habitudes de violences et de rapines. Par un acte authentique, ils firent le serment à l'apôtre Pierre de ne jamais envahir la terre du voisin et de vivre en paix dans le domaine que leur abandonnerait l'empire. En retour, le pontife de Rome s'engagea, au cas où ils seraient attaqués par d'autres barbares, à venir à leur secours et à venger leurs injures avec l'aide de saint Pierre (5). Il faut croire que ces promesses furent mal tenues de part et d'autres. Les papes avaient assez affaire de se défendre contre leurs propres ennemis, et leurs conflits avec l'empire ne leur permettaient guère de requérir les Césars byzantins de faire honneur à leurs engagements. Aussi les Croates ne tardèrent-ils pas à oublier et leur fidélité à l'empire et les enseignements des prêtres romains. Au temps de Basile, quand Raguse et les côtes de la Dalmatie furent menacées par les incursions des Sarrasins, les Croates, effrayés, se souvinrent de l'ancienne sujétion dont ils s'étaient imprudemment affranchis. Ils sollicitèrent d'être de nouveau admis dans l'empire et demandèrent des prêtres pour recevoir de nouveau le baptême (6), tant ces deux

(1) Eusèbe. De Vitâ Const., lib. IV, cap. 5.
(2) Jornandès. Hist. Goth., cap. 25. — Socrate. Hist. Eccles., lib. IV, cap. 33.
(3) Socrate. Hist Eccl., lib. VII, cap. 30.
(4) Const. Porphyr. De Admin. Imperio, cap. 31 et 32.
(5) *Idem ibidem*.
(6) Const. Porphyr. De Administ. Imp., cap. 29. — Cedrenus. Hist. Compend., II, 1018-1026.

termes, empire et christianisme, s'enchaînaient dans l'esprit des barbares,
comme par une connexion nécessaire.

Le règne de Basile et le patriarcat de Photius sont signalés par un redou-
blement d'activité et de propagande. Les missions se multiplient. C'est le
temps de l'apostolat de Cyrille et de Méthode chez les Moraves (1). Les Bulgares, à leur tour, qui pendant un siècle ont si cruellement ravagé l'empire,
infligé tant de défaites aux armées romaines, qui ont tué un empereur et qui
ont causé la chute de plusieurs autres, s'adoucissent enfin, perdent leur fé-
rocité et empruntent à Byzance et ses lois et sa foi. Le miracle s'opéra,
comme chez les Francs, les Wisigoths d'Espagne, les Lombards, par l'intermédiaire d'une femme ; sous la régence de l'impératrice Théodora, la sœur
du roi Bogoris fut prise par les soldats romains. Elle vivait à la cour des empereurs, instruite dans la religion chrétienne et élevée avec le plus grand
soin. Réclamée par son frère, elle fut échangée contre un moine, fort savant
homme, nommé Théodore Cupharas, qui avait su se rendre utile chez les Bulgares, qui avait gagné la confiance de Bogoris, et qui avait préparé les voies au
christianisme. Revenue auprès de son frère, la jeune femme ne cessa avec la
dernière instance de le presser d'abandonner ses dieux et d'adopter ceux
des Romains. Il résistait cependant, lorsque survint à point une famine suivie d'une peste, dont les ravages frappèrent vivement son imagination.
Voyant que ses dieux restaient sourds à ses prières, il invoqua le Dieu de sa
sœur et fit demander à Byzance des prêtres pour l'initier aux saints mystères.
Le moine Méthode acheva sa conversion en peignant sous ses yeux les terribles supplices des réprouvés dans l'enfer. Sans désemparer et la nuit
même qui suivit ce spectacle, Bogoris se fit baptiser. Les grands et une partie
du peuple se soulevèrent contre lui pour le punir de cette défection. Il les
vainquit en se plaçant sous l'invocation du Christ, et cette victoire ne fit que
confirmer ses résolutions. Les Bulgares acceptèrent un établissement fixe dans
la province qu'ils appelèrent Zagora ; ils reçurent un archevêque et devinrent
les amis et les alliés les plus dévoués de l'empire (2). Plus tard, leur prince
obtint l'honneur exceptionnel de s'allier avec une Porphyrogénète, et reçut en
cette occasion le titre de βασιλεὺς. Dans leurs lettres de chancellerie, les empereurs les traitent de « fils spirituels (3). »

Dans une circulaire aux patriarches d'Orient où il rappelle ces grands résultats, Photius signale comme non moins heureuse pour l'empire la conversion des Russes, « cette nation féroce et sanguinaire, qui a soumis à sa
puissance une multitude de peuples, et qui enflée de ses victoires, avait osé
porter la main jusque sur l'empire. Néanmoins, détestant ses superstitions
impies, elle a embrassé la religion immaculée du Christ. Ils sont maintenant nos clients et nos sujets, ces hommes qui jadis ne nous étaient connus
que comme d'audacieux brigands, et leur zèle pour la foi est si grand que
Paul pourrait crier de nouveau : Béni soit Dieu dans les siècles des siècles.

(1) V. la thèse de M. L. Léger sur les deux missionnaires. Acta Bolland., 9 mars.
(2) V. Sur la conversion des Bulgares. Zonaras, lib. XVI, 2 et Cedrenus, II, 951-954.
(3) πνευματικὸς ἔγγονος τῶν βασιλέως.

Ils ont accepté de nous un évêque et des pasteurs et les saints mystères sont célébrés au milieu de la plus sincère vénération. » Ainsi le monde slave presque tout entier était, au x⁰ siècle, pénétré par la propagande de Byzance, obéissait à l'influence politique et religieuse de l'empire, et, grâce aux germes de civilisation que le christianisme apportait avec lui, commençaient à s'ébaucher, comme des organismes encore frêles, les embryons de nations futures.

Pendant ce temps, de l'ancienne capitale de l'empire, de Rome, devenue le siège de la papauté, partait un courant de propagande, distinct, non moins énergique et continu, dont l'action allait s'étendre à toutes les parties de l'Occident, livrées encore à l'idolâtrie. Mais de ces conquêtes l'empire ne devait pas profiter. A partir du vɪɪ⁰ siècle, la papauté prétendit ne travailler que pour elle-même. Lorsque Grégoire-le-Grand parvenait, par l'entremise de la reine Théodelinde à convertir les Lombards, son zèle, encore désintéressé, se préocupait des avantages qu'en devait retirer l'autorité des Césars de Byzance. Ses lettres témoignent que lui aussi ne séparait pas dans sa pensée la chrétienté et « la république ». Cependant, dès ce pontificat, le divorce imminent entre les deux capitales commence à poindre, soit que le pape se soit cru mal payé des services qu'il avait rendus par ses négociations laborieuses avec les Lombards, soit que les conflits sans cesse renaissants qui s'élèvent, au sujet de leurs attributions entre le pape et l'empereur, avertissent le premier de préparer l'avenir. Ce n'est pas pour la république, dont il n'est plus question, que le même Grégoire donne ses instructions si précises au moine Augustin, chargé d'évangéliser les Angles. Un dessein prémédité et qui cette fois ne laisse place à aucune ambiguïté, préside à l'organisation de l'Eglise de Germanie, confiée au moine Winfried. Ce n'est pas à Byzance, mais à la curie romaine directement que Grégoire III rattache le siège primatial de Mayence. L'empire est désormais un ennemi et Rome se prémunit contre ses attaques en groupant autour d'elle des peuples de clients « qui reconnaissent l'apôtre Pierre comme leur patron national. » Mais travaillant chacune en sens contraire et l'une contre l'autre, Rome et Byzance devaient fatalement se rencontrer ; c'est en Bulgarie que se produisit le choc inéluctable. Sur ce terrain commun et vierge, les missions romaines et byzantines luttèrent avec acharnement ; le pape Nicolas et le patriarche Photius se disputèrent avec âpreté cette conquête, dont devait profiter avec l'un l'empire, avec l'autre la foi romaine. Ce fut l'étincelle qui alluma l'incendie entre les deux églises et qui provoqua leur schisme définitif.

CHAPITRE III.

LES BARBARES A BYZANCE.

Si active et si intelligente que se montrât la diplomatie byzantine dans ses rapports avec le monde barbare, c'est encore à Byzance que son action s'exerçait de la manière la plus variée et la plus efficace.

Centre du monde et carrefour des nations, de tous les points de l'univers connu, elle attirait vers elle les barbares. Ils y venaient l'esprit hanté par la renommée de ses richesses, poussés par l'amour des aventures et par le désir d'y conquérir la fortune. Le bonheur extraordinaire de quelques fils des steppes scythiques ou des forêts germaines, qui mêlés à une foule de mercenaires, de grade en grade et d'étape en étape, étaient parvenus à commander les armées et à gouverner l'État, stimulait leurs vagues ambitions et leur confiance au destin. Les chefs des grandes familles y envoyaient leurs fils, afin d'y préparer des alliances solides et de s'y assurer des protecteurs. Tous les mécontents, les vaincus des factions civiles, les prétendants détrônés s'y réfugiaient comme dans un asile dont la protection était sûre ; ils y vivaient des bienfaits du souverain qui par eux tenait les fils des intrigues qui pouvaient au besoin troubler ces nations et paralyser leur hostilité. Tout un séminaire d'enfants royaux, enlevés avec le butin dans les guerres, ou confiés par leurs parents, s'élevait dans la domesticité luxueuse du palais. Si l'on veut avoir la clef des agitations qui déchiraient les Etats barbares, c'est le plus souvent à Byzance qu'il faut la chercher. C'est là que Gondowald préparait son expédition contre le roi de Bourgogne, Gontran ; là qu'était retenu le petit-fils de Brunehaut, recueilli avec sa mère Ingonde par un général romain, à Séville, et réclamé avec tant d'instances par son aïeule, là que s'échappait le fils du dernier roi lombard, Adalgise, cerné par les armées de Charlemagne à Vérone.

Mais c'étaient surtout les continuels défilés des ambassades avec leurs cortèges et leurs présents qui contribuaient à animer de leur bruit et de leur éclat les abords du palais et la vaste place de l'Augustéon. On y entendait bruire et résonner toutes les langues de l'univers. Le peuple s'y portait en masse friand de ces spectacles incessamment renouvelés ; il y courait comme à l'hippodrome, quand on annonçait l'arrivée de monstres célèbres ou d'animaux étranges. Les empereurs triomphaient comme leur peuple de ce concours de nations et de cette diversité de visages et de costumes ; il leur semblait que l'univers entier, représenté par les échantillons de toutes ses races, venait leur rendre hommage, reconnaître et justifier la suprématie qu'ils s'arrogeaient sur le globe. Les historiens, à leur tour, s'étendent complaisamment sur ces spectacles. On voyait, dit l'un d'eux, à la cour du prince tous les peuples mêlés, chacun avec leurs ornements et leurs vêtements distinctifs, les cheveux épandus sur les épaules ou retroussés au sommet de la tête, la barbe longue ou frisée, l'aspect farouche et terrible. On admirait leurs membres énormes, leurs visages tantôt animés des plus vives couleurs, tantôt plus blancs que la neige, tantôt de nuance intermédiaire. On se montrait des Bretons, des Blemmiges, des Ethiopiens, des envoyés du roi de Dib et de Serendib, des Maures des plages australes, ceux qui venaient du Phase, du Bosphore Cimmérien, des pays de l'Aquilon et des pays du soleil. Les uns portaient en présents des couronnes d'or, d'autres des diadèmes constellés de perles, des enfants esclaves à la blonde chevelure, des vêtements tissus d'or et brochés de fleurs, des chevaux, des boucliers, de longues piques, des arcs et des flèches. Ils signifiaient ainsi à l'empereur leur soumission et leurs offres d'alliance. Lui cependant recevait leurs présents et leur en rendait d'autres plus précieux : les plus nobles d'entre eux il les honorait des dignités romaines, et il était rare que de chacune de ces ambassades, il ne restât pas à Byzance quelques barbares, oublieux de leur patrie, et heureux de servir un prince si magnifique (1).

Pour ces réceptions solennelles, le palais de Magnaure, agrandi par Justinien, se mettait en fête (2). Il s'agissait de frapper l'esprit des barbares, de les séduire par l'éblouissement des richesses et de leur inspirer, par le déploiement du faste et de la pompe impériale la plus haute idée de l'hôte principal qu'ils venaient saluer. Dès l'aube, le préfet de la ville procédait aux préparatifs. Une enfilade de salles immenses conduisait du portique de l'Augustéon au Chrysotriclinium où l'empereur devait apparaître, à travers le vestibule de la main d'or, l'onopodium, le triclinium des *magistri*, le triclinium des candidats et le viridarium. Toutes ces salles étaient splendidement décorées, tendues de bandes de pourpre frangées d'or, d'étoffes de soie, sur lesquelles se détachaient des statues d'or et d'argent et des cartouches de mosaïques précieuses. Pour suffire à ce luxe de décoration, non-seulement on épuisait les coffres de la garde-robe impériale; on empruntait leurs trésors aux banquiers de la capitale et aux églises. Douze lustres par salle descendaient par autant de chaînes du plafond et en éclairaient les derniers recoins. Un seul lustre, énorme et tout en argent, apporté pour la circonstance du palais de Blachernes, remplissait de l'éclat de sa lumière le vestibule. Les parterres et les serres se dépouillaient de leurs richesses au profit du palais et mêlaient aux couleurs des tentures leur gaieté et leurs parfums. Des fleurs innombrables piquaient les étoffes qui revêtaient à droite et à gauche les parois. Des fleurs encore jonchaient le sol; c'étaient des roses et des fleurs de lauriers dans les premières salles, puis à mesure qu'on approchait de la salle du trône, des essences plus rares, du romarin et du myrte; enfin aux fleurs succédaient les tapis précieux venus de l'Inde et de la Perse (3), qui se développaient jusqu'aux marches de l'estrade où siégeait l'empereur.

De ces salles imposantes et luxueuses tout un peuple de gardes et de dignitaires formait comme la décoration vivante. Seuls les soldats du palais auraient suffi pour composer une armée. On les divisait en quatre catégories principales : les *Scholæ*, les *Excubitores*, les *Hicanati* ou hommes forts, et les *Numeri*. Seuls les soldats de la dernière classe, qui se subdivisait en trois hétairies constituaient une force réelle, redoutable à la guerre comme troupe de réserve, et à la ville quand se déchaînait l'émeute. On les recrutait parmi les barbares les plus remarquables par leur beauté, leur taille et leur vigueur; on y comptait des Varègues, des Angles, des Chazares et des Perses. Les *Scholæ* étaient surtout des troupes de luxe et de parade. Leur nombre atteignait sous le règne

(1) V. Eusèbe. De vitâ Constant , lib. IV, cap. 7. — Amm. Marcell (pour la cour de Julien), lib. XXII, cap. 7. — Pour les réceptions de Justinien, Cedreuus. Hist. comp., II, 643, 644, 645.

(2) Il y avait à Byzance avant Justinien cinq palais impériaux, sans compter les six palais des mères et femmes d'empereurs. Les plus célèbres, outre le grand palais, étaient le palais de Placidie et de Marina (1er quartier), celui de Pulchérie (2e et 11e quartier), celui d'Arcadia (9e et 10e quartier), celui d'Eudoxie (16e quartier); celui de Marina contenait les richesses héritées de Bélisaire. Il y avait aussi des résidences d'été à la campagne et aux bords du Bosphore. Justinien habitait souvent l'Heroon. (Voir Procope, De ædificiis).

(3) Voir les très-nombreux chapitres du De Cerimoniis, en particulier Lib. II, cap. 15.

de Justinien trois mille cinq cents hommes ; et tel était l'empressement à faire partie d'une milice, devant qui s'ouvraient les portes du palais et qui participait aux pompes publiques que l'empereur dut admettre près de deux mille surnuméraires. Tous les fils de familles riches briguaient cet honneur peu dangereux. Justinien dont le génie fertile n'était jamais à court d'expédients financiers, imagina de frapper un impôt sur cette émulation de vanité ; il fallut payer pour figurer dans les cohortes prétoriennes. Il est vrai que chacun espérait se récupérer de ces avances en fixant l'attention du prince ou en se rendant utile soit à lui, soit aux dignitaires qui approchaient de sa personne sacrée (1). Tous ou presque tous s'alignaient en bel ordre de salle en salle, chacun, suivant sa cohorte, avec son costume et ses insignes particuliers. A gauche et à droite du trône se tenaient les candidats vêtus de blanc, portant les sceptres impériaux, les étendards et les armes de l'empire. Au-dessous s'ordonnaient les rameurs du premier dromon, portant d'autres enseignes et les labarum. Venaient ensuite les spathaires, les maglabites qui faisaient office de licteurs, les Macédoniens de la grande hétairie, avec leurs boucliers d'or, d'airain et de fer, armés de haches à un et à deux tranchants ; les deux autres hétairies, les Varègues et les Chazares, portant d'une main la large épée plate, de l'autre des boucliers ; enfin une nuée de protospathaires et de spatharocandidats, avec leurs épées et des banderolles de couleurs variées où dominaient le rose et le vert. Ces troupes rangées, les ostiaires armés de verges d'or semées de pierreries, et les logothètes faisaient signe d'introduire les *voiles*. On appelait ainsi les diverses catégories de dignitaires et de magistrats, ordonnés suivant une savante hiérarchie. Il y avait douze voiles, dont les premiers comprenaient les *magistri*, les patrices, les stratèges, les sénateurs et les consuls ; les derniers, les officiers inférieurs (2). Les silentiaires rangeaient suivant le cérémonial et d'après leur rang cette cohue de fonctionnaires.

L'ordre rétabli, l'empereur paraissait, vêtu de la tunique octangulaire ou de la dalmatique, les pieds chaussés de cothurnes d'or et de pourpre, le front ceint de blanches bandelettes ou du diadème (3). Il montait les marches du trône de Salomon et s'asseyait, tandis que la foule entonnait le polychronion. Deux sièges étaient disposés sur l'estrade, l'un pour lui, l'autre vide, et sur lequel personne ne s'asseyait jamais. C'était la place réservée au Roi des Rois, au Très-Haut, dont l'empereur n'était que le lieutenant et le vicaire. Alors seulement l'ambassadeur étranger franchissait le vestibule, et soutenu par le catapan du palais et par le connétable, il pénétrait dans le chrysotriclinium. Aussitôt il devait se prosterner et adorer le maître en frappant du front la terre. Trois fois se renouvelait cette cérémonie, jusqu'à ce qu'il parvînt aux pieds du trône. Le logothète procédait aux questions d'usage, d'ordinaire fort banales et réglées par l'étiquette. L'empereur répondait quelques paroles, puis le cortège de l'ambassadeur apportait les présents de son maître que l'empereur acceptait. L'ambassadeur se retirait avec les mêmes prosternations qu'à son en-

(1) Agathias, lib. V. Procope. Hist. arcana, cap. 24.
(2) Voir De Cerimoniis, lib. I, cap. 9.
(3) Parmi les nombreuses descriptions de costumes impériaux, voir Corippus, lib. II.

trée, et on le reconduisait au domicile qui lui était assigné. Les questions sérieuses qui touchaient à la politique et faisaient l'objet particulier de l'ambassade, étaient remises à des séances ultérieures, où l'empereur assistait avec le même apparat et le même concours de fonctionnaires (1).

Pas un étranger, quels que fussent ses titres et sa nation, ne pouvait prendre place sur le même rang que le prince, ni s'asseoir en sa présence. Il restait prosterné ou debout. Tant qu'il ne s'agissait que de barbares, cette attitude ne soulevait aucune difficulté. Il en fut autrement quand les croisades amenèrent en Orient les souverains de l'Occident. Pourtant, même alors, les princes bysantins ne se départirent pas entièrement d'une rigueur qui fut l'occasion de plus d'un scandale. L'empereur Conrad refusa une entrevue qui eût été pour lui une humiliation. Par une faveur spéciale, Louis VII, puis Baudoin IV, roi de Jérusalem, obtinrent d'être assis un degré plus bas que l'empereur (2). Lors de la première croisade, pendant que les Latins prêtaient l'hommage à Alexis Comnène, pour les domaines qu'ils allaient recouvrer sur les Musulmans, un des soldats présents s'assit sans façon sur la dernière marche du trône. Repris vivement par Baudoin, frère de Godefroy de Bouillon, il s'écria furieux en montrant du doigt l'empereur : « Voyez-moi ce rustaud qui seul se prélasse, pendant que de si grands capitaines sont debout. » Robert de Normandie, voyant que personne ne lui offrait un siège, déploya sur le sol son manteau et s'assit dessus. Tous les croisés qui l'accompagnaient l'imitèrent aussitôt (3). Pour éviter le retour d'un pareil scandale, l'empereur fit depuis lors disposer des escabeaux le long des murs, à l'usage des Latins.

Pour imposer davantage à l'admiration des barbares et donner à l'empereur les proportions d'un être surhumain, les Byzantins imaginèrent, à partir du 9e siècle, de véritables trucs de féerie, dignes de nos scènes modernes. Dès que les étrangers avaient mis le pied dans la salle de réception, les orgues d'argent des deux factions du cirque commençaient à jouer, s'arrêtaient et reprenaient après chaque prosternation, après chaque discours du logothète et de l'ambassadeur. A peine celui-ci avait-il relevé la tête et tourné les yeux vers l'empereur, que le prince lui apparaissait comme suspendu dans les airs et transfiguré par un changement rapide de costume (4). En même temps, à chaque reprise de l'orgue, des lions d'or accroupis sur les marches de l'estrade, se dressaient sur leurs jarrets, et se mettaient à rugir ; des feuilles d'arbres artificielles frémissaient, et des oiseaux d'or cachés dans les branches faisaient entendre des chants variés. Puis tout rentrait dans le silence pour recommencer bientôt après. Les Byzantins comptaient beaucoup sur ces prodiges pour émerveiller les barbares et leur faire croire à quelque magie. Rarement ils manquaient leur effet. Luitprand, envoyé par son maître Bé-

(1) Voir dans le De Cerimoniis plusieurs réceptions d'ambassadeurs : Lib. I, cap. 89, lib. II, cap. 15 et le paragraphe περὶ τῆς δοχῆς.

(2) Cinnamus lib. II. — Guillaum. De Tyr. Lib. XVIII, cap. 24. — Anna comnena.

(3) Voir le passage du poème de Robert Wace, cité par Du Cange (Glossarium mediæ Latin.), au mot Bancus.

(4) Sur les changements de costumes, voir surtout : De Cerimoniis, lib. II, cap. 1, et les notes de Reiske dans l'édition Migne.

renger à la cour de Byzance, assure qu'il ne se laissa pas effrayer par les lions ; mais, ajoute-t-il naïvement : « j'avais été prévenu. » Il fut beaucoup plus frappé par les élévateurs dont il ne comprit pas le mécanisme et par les changements à vue de l'empereur. Sur des cerveaux plus frustes et des imaginations superstitieuses, l'impression produite devait être très vive (1).

Le cérémonial était le même pour la réception des reines et princesses étrangères, seulement les rôles étaient tenus par des femmes. Il nous reste le procès-verbal de la réception de l'*archontesse* de Russie, Olga, qui vint à Constantinople sous le principat de Constantin et de Romain. On y voit qu'à la cour des impératrices les femmes des dignitaires figuraient avec les titres de leurs maris et constituaient une hiérarchie ordonnée par la même étiquette. Il y avait des *zostæ*, des *magistrissæ*, des patrices, des candidates, des protospathaires, des prévôtes.

Généralement, l'empereur offrait à ses hôtes, avant de leur donner congé, un banquet qui réunissait tous les personnages de la cour. Les magnificences de Versailles, pendant les deux derniers siècles de la monarchie, peuvent à peine nous donner une idée du luxe déployé à Byzance dans ces circonstances (2). A la table impériale chacun avait sa place marquée par son rang. Le maître des cérémonies, celui qu'on appelait l'*artoclinas*, avait fort à faire d'appeler et de ranger les fonctionnaires « amovibles et inamovibles » au nombre de plusieurs centaines. L'empereur dînait à part sur une table isolée, n'ayant auprès de lui que six personnes : le patriarche, le César, le curopalate, le basiléopater, le nobilissime et l'*ami*, c'est-à-dire l'allié étranger, en l'honneur de qui se donnait le festin. D'ordinaire les Byzantins mangeaient assis sur des escabeaux ; mais au *banquet sacré*, on mangeait couché sur des lits à la mode romaine. Comme la plupart des souverains étrangers étaient désignés par des titres de dignités qui en faisaient les égaux des dignitaires semblables de la cour de Byzance, leur place était marquée parmi les personnages du même ordre. Les Sarrasins siégeaient après les patrices et les stratèges, à la première table de gauche ; les Huns et les Bulgares immédiatement après eux, mais à la table suivante ; les Francs viennent ensuite ; quant aux autres étrangers, ils sont classés parmi les spatharo-candidats, dans l'ordre de préséance. C'est ainsi que la salle du banquet représentait en raccourci l'image de l'univers. La foule des souverains, amis, fédérés et alliés, représentés par leurs légats, s'ordonnait dans une hiérarchie savante, comme des satellites autour de l'empereur, élu de Dieu et centre du monde.

Le repas se composait de trois services : les entrées, les viandes, le dessert, qui comportaient chacun un grand nombre de mets. Les convives ne mangeaient que dans de la vaisselle d'or. Les divers services parvenaient à la salle du festin par des poulies manœuvrées de l'étage inférieur ; ils glissaient ensuite, comme sur une sorte de chemin de fer, jusque devant l'empe-

---

(1) Voir au sujet de ces trucs : Luitprand. Historias. Lib. VI, cap. 2 ; De Cerimoniis. Lib. II, cap. 15.

(2) Voir De Cerimoniis, lib. II, cap. 52, le singulier traité intitulé : *Cletorogium, sive Liber de ritibus sacrarum epularum aulæ Byzantinæ*. C'est le répertoire du maître des cérémonies.

reur qui faisait la part de chaque table. Aux hôtes de passage qu'il voulait honorer, il faisait porter les mets placés devant lui pour son usage. Pendant le repas, pour amuser les convives ou leur faire prendre patience, des jongleurs et des équilibristes se livraient à leurs jeux, ou bien deux chœurs d'hagiosophistes alternaient leurs chants, ne s'interrompant qu'à l'entrée de chaque service; car la musique instrumentale était rigoureusement réservée pour l'église ou pour les réceptions du chrysotriclinium. Le repas terminé, les hôtes étaient conduits dans les jardins attenant au palais. L'empereur avait l'attention de leur envoyer de l'eau de rose et des onguents précieux. Des esclaves leur lavaient les mains et les frottaient d'huiles parfumées. Ils montaient ensuite à cheval et revenaient dans la demeure qui leur était réservée (1).

Tout le temps de leur séjour qui n'était pas rempli par les audiences et les entrevues avec les conseillers du prince, se passait en plaisirs et en visites calculées pour les distraire ou pour les étonner par le spectacle de la puissance de l'empire. Ils avaient leur place au cirque où se donnaient pour eux des jeux extraordinaires, courses équestres ou combats d'animaux. Quelquefois l'empereur les convoquait à une séance du sénat, comme si les délibérations de ce corps sans autorité et sans prestige, pouvaient leur produire l'impression grandiose des anciens patriciens de Rome, agitant le sort des royaumes et réglant les destinées de l'Etat. L'historien Malchus signale comme un scandale la complaisance de l'empereur Léon, qui, dans une de ces séances, fit asseoir près de lui l'Arabe Amorcesus, au-dessus des patrices eux-mêmes. « Les magistrats romains, ajoute-t-il, gagnent à être contemplés de loin plus que de près (2). » On s'empressait de satisfaire tout ce qui pouvait piquer leur curiosité ou exciter leur fantaisie; et l'empereur ordonnait quelquefois aux principaux dignitaires de joindre leurs présents aux témoignages de sa propre munificence.

Naturellement, dans ces promenades à travers les beautés de la capitale du monde, les églises n'étaient pas oubliées. On comptait surtout sur les merveilles de Sainte-Sophie pour achever par un coup de la grâce l'œuvre commencée sur leurs esprits par le spectacle de la force et de la richesse de Byzance. Que l'on se figure les sentiments qui devaient agiter l'âme de ces barbares en pénétrant dans ce sanctuaire! Leurs yeux, éblouis par l'éclat des luminaires, se promenaient des immenses coupoles, aux innombrables colonnes de porphyre, de serpentin, des marbres les plus variés et les plus rares qui les soutenaient, à l'incomparable mosaïque du parvis, aux murs tout ruisselants d'or qui renvoyaient la lumière, et tout au fond au tabernacle mystérieux, autour duquel s'agitait, s'agenouillait, une légion de prêtres revêtus de robes éclatantes et parés des bijoux les plus précieux. En même temps les orgues jouaient; des voix au timbre suave et doux faisaient retentir de la mélodie des chants sacrés la sonorité des voûtes. Des nuages d'encens, s'élevant des cassolettes ou se balançant au rythme des encen-

(1) De Cerimoniis, lib. II, cap. 15. — Luitprand. Histor. Liber VI, cap. 3 et 4.
(2) Malchus. Excerpt. de Legat., II, 92.

soirs, embaumaient l'atmosphère lourde et tiède. Ils se sentaient peu à peu
envahis par un trouble inconnu. Tous leurs sens étaient pris à la fois.
Enivrés comme par une vapeur subtile, étourdis par toutes ces merveilles,
subjugués par une force mystérieuse, ils se croyaient transportés, ainsi que
dans un rêve, dans le séjour des bienheureux. Leurs yeux, devenus le jouet
de l'hallucination, leur faisait voir l'image agrandie, vacillante et transfi-
gurée de la réalité. Quatre Russes introduits à Sainte-Sophie pendant les cérémonies d'une grande fête, assurèrent avoir vu au-dessus de l'autel des êtres
surnaturels, enveloppés de magnifiques vêtements et portant de grandes ailes,
qui s'abaissèrent jusqu'au tabernacle en chantant : *Sanctus, Sanctus.* On se
garda de dissiper leur illusion et, revenus chez eux, le souvenir encore plein
de ces éblouissements, ils racontèrent la merveille à leur roi, qui se hâta de
demander à l'empereur des prêtres pour enseigner à son peuple la religion
du Christ (1). On leur envoya Alexandre et Cyrille. Des conversions de ce
genre devaient être fréquentes, car la plupart des rois barbares venus païens
à Constantinople . s'en retournaient baptisés. L'empereur et l'impératrice se
donnaient souvent cette fête de servir de père et de mère spirituels à ces bar
bares et d'assister avec tout le personnel du palais à leur initiation au christianisme. Justinien surtout prodigua dans ces occasions son zèle de convertis-
seur et d'apôtre (2).

Quelques esprits chagrins, habitués à ces pompes théâtrales, ou plus particulièrement frappés des faiblesses de l'empire, blâmaient ces promenades et
ces exhibitions (3) et craignaient que l'orgueil ne montât au cerveau de ces
barbares, au spectacle des fêtes dont ils étaient l'occasion. Le prudent empereur Constantin Porphyrogénète recommande lui aussi d'user de grandes
précautions avec ces natures d'enfants terribles, violentes et rusées. Les Chazares, les Turcs, les Russes, remarque-t-il, ont envie de tout ce qu'ils voient
et le demandent sans vergogne. Voici donc ce qu'il convient de leur ré-
pondre : S'ils demandent quelques-uns des ornements impériaux, comme les
couronnes et les étoles, on leur dira que ces objets n'ont pas été fabriqués
de main d'homme, qu'ils sont l'œuvre de la divinité, qu'un ange les a ap-
portés du ciel et que ni le patriarche, ni l'empereur n'ont le pouvoir de les
faire sortir de l'église. On citera l'exemple de Léon-le-Chazare qui, pour
avoir voulu mettre sur sa tête un des diadèmes conservés dans le trésor de
l'église, mourut sur-le-champ, le front consumé par un feu divin. S'ils demandent une femme de la famille impériale, on répondra qu'un décret du
bienheureux empereur Constantin, gravé sur le maître autel de Sainte-Sophie, défend de mêler le sang d'une Porphyrogénète au sang d'un étranger,
les Francs exceptés (1). Et si le barbare, au courant des alliances impériales,

(1) Tous ces phénomènes sont bien notés et décrits dans un fragment cité par Migne : Patrol.
grecque. Tome CXIII : Constantin Porphyr. De Administ. Imp., page 304. Extrait d'un ma-
nuscrit grec du fonds Colbert, n° 4432. V. aussi Cedrenus, Hist. Compend., II, 1074.

(2) V. Cedrenus. Hist. Compend. II, 643 et seq. V. aussi la description du baptême du
roi des Lazes Tzathius. Chronic. Paschale, ad ann. 522.

(3) Malchus rhetor. Excerpt. de Legat., II, 92.

(4) Cette exception est faite à cause du récent mariage d'une Porphyrogénète avec le roi d'Italie, Hugues (en 943).

argue de l'exemple des Bulgares, on lui dira que l'empereur romain qui permit ce scandale était un homme sans lettres et sans usage, grossier et de basse extraction; que, du reste, la prétendue princesse n'était que la fille d'un usurpateur. Il prescrivait sur toute chose de ne pas permettre aux barbares de pénétrer la composition du feu grégeois. S'ils insistent pour la connaître, on coupera court à leurs questions indiscrètes par la réponse sacramentelle : «C'est un ange qui a révélé ce secret au bienheureux Constantin et qui a interdit de le communiquer (1). »

Mais pour quelques barbares, en très-petit nombre, enorgueillis des fêtes qu'on leur donnait, au point de se croire la terreur de Byzance, ou dont la cupidité pouvait s'éveiller au contact de tant de richesses, accumulées par les siècles, combien d'autres se sentaient l'âme amollie par ces délices, charmés et séduits par cette vie si différente de la vie des steppes ou des forêts, tout pénétrés du sentiment de leur faiblesse et de leur impuissance en face de cette grandeur et de cette magnificence? Combien répétaient en eux-mêmes ou tout haut, comme ce Goth émerveillé de la foule circulant dans les rues et les places, du mouvement du port, de l'armée bien équipée et manœuvrant avec précision : « Oui, l'empereur est un dieu sur terre et qui ose porter la main sur lui est coupable de sa propre mort (2)! »

(1) Const. Porphyr. De Admin. Imperio, cap. 13.
(2) Jornandès. Hist. Goth., cap. 28.

Clermont-Ferrand. — Typographie Mont-Louis, rue Barbançon, 2.

www.ingramcontent.com/pod-product-compliance
Ingram Content Group UK Ltd.
Pitfield, Milton Keynes, MK11 3LW, UK
UKHW021152220726
13924UKWH00003B/1117